郦波解读中华传统智慧

郦波讲齐家之道

郦波 著

GUANGXI NORMAL UNIVERSITY PRESS
广西师范大学出版社
·桂林·

LIBO JIANG QIJIA ZHI DAO
郦波讲齐家之道

出版统筹：汤文辉
品牌总监：耿　磊
选题策划：耿　磊　冬旱文化
责任编辑：王芝楠
美术编辑：卜翠红
营销编辑：杜文心　钟小文
责任技编：王增元

图书在版编目（CIP）数据

郦波讲齐家之道 / 郦波著．—桂林：广西师范大学出版社，2020.9
（郦波解读中华传统智慧）
ISBN 978-7-5598-3057-9

Ⅰ．①郦… Ⅱ．①郦… Ⅲ．①中华文化－青少年读物 Ⅳ．①K203-49

中国版本图书馆 CIP 数据核字（2020）第 134979 号

广西师范大学出版社出版发行
（广西桂林市五里店路 9 号　邮政编码：541004
网址：http://www.bbtpress.com）
出版人：黄轩庄
全国新华书店经销
保定市中画美凯印刷有限公司印刷
（河北省保定市西三环 1566 号　邮政编码：071000）
开本：880 mm × 1 240 mm　1/32
印张：6　　　字数：93 千字
2020 年 9 月第 1 版　　2020 年 9 月第 1 次印刷
定价：39.80 元

写给爱读书的你

在从事中国优秀传统文化普及工作的过程中，很多朋友建议我开办一个“沧溟书院”，以便让更多的人能够通过接受系统的优秀传统文化教育，从而更加全面地了解中国文化，并获得对生命的体悟和对文化的认同。但囿于种种条件，主要是因为教职在身，在短时间内筹建这样一座书院似乎是不现实的；不仅如此，其实任何实体的书院也都会因为场地的原因而有学员人数的限制，总会让许多想进书院学习的人无法如愿。

所以，我决定先建一所没有围墙、不受空间局限的虚拟书院；今天，当你打开这套书的时候，你就成为“沧溟先生”的学友、书友。

当年，我曾经以“中华家训丛书”为题编过四本书，其实那还只是一个雏形，距离我的理想还有很大的距离。因此，接到好友夏德元的邀约为广西师范大学出版社策划一套面向青少年的传统文化读物时，我便想对原来那套书进行重新修订，并增加新的内容，以期从新的角度为当代青少年提供一个入世的门径。

“郦波解读中华传统智慧”这套书的出版，能够完成我一个心愿，也就是我一直想做的一件事——告诉读者朋友如何养成好的学习习惯，形成优雅的气质，学会与人相处，获得有价值的人生。当然，也很希望这套书能够成为父母跟孩子一起阅读的书，因为其中许多故事都发生在父辈与孩子之间，亲子共读就是最好的陪伴。

书中所讲的内容，与今天每个人面对的压力、困惑有关，而这些压力与困惑往往正是家庭所带来的。如何化解这些问题，是大家十分关心的，也希望这套书能给你实际的帮助。

要解决家庭教育和人生成长过程中的诸多问题，有各种方式；而中华传统文化中的优秀基因，就给了我们思考、解决这些问题的正确思路。从中华优秀传统中学习人生的智慧，并在人生的成长过程中结合现代科学的教育方法加以灵活运用，也是我们所期待的。

对现代人而言，尤其是对今天的青少年而言，空间高度折叠，时间空前压缩，我们要学习的知识水涨船高，要掌握的本领多多益善，时间常常显得不够用了。那么，在较小的篇幅内讲明白一些人生的大问题，并让大家有所启发，这也就是我想要在这套书中完成的任务。

我已经做好了准备，你做好准备了吗？

2020 年 6 月 1 日于石头城

目录

郦波讲齐家之道

第 一 讲 / 齐家是治国平天下的准备 …… 1
第 二 讲 / 敬畏与感动 …… 9
第 三 讲 / 感恩是一种卓识 …… 17
第 四 讲 / 不可或缺的教育 …… 25
第 五 讲 / 父母之爱 …… 33
第 六 讲 / 不孝多因无知 …… 41
第 七 讲 / 找到内心的良善 …… 49
第 八 讲 / 孝是一种修炼 …… 57
第 九 讲 / 一切美德的源头 …… 65
第 十 讲 / 物质不能代替温情 …… 73

第 十 一 讲 / 慈孝相长 …… 81
第 十 二 讲 / 摒弃伪忠、伪善与伪孝 …… 89
第 十 三 讲 / 个人的小事与天下的大事 …… 97
第 十 四 讲 / 家和万事兴 …… 105
第 十 五 讲 / 身教与言传 …… 113
第 十 六 讲 / 修面更要修心 …… 121
第 十 七 讲 / 家庭关系的宽容之道 …… 129
第 十 八 讲 / 家庭和睦本于能忍 …… 137
第 十 九 讲 / 兄弟齐心 其利断金 …… 145
第 二 十 讲 / 打虎亲兄弟 上阵父子兵 …… 153
第二十一讲 / 家族文化的传承 …… 161
第二十二讲 / 什么是最好的报答 …… 169
第二十三讲 / 心中有爱 如沐春风 …… 177

第一讲

齐家是治国平天下的准备

德修而行立，行立而名成，只在家庭中做起。

—— 钟于序《宗规》

古代儒家为什么那么重视孝道呢？

因为，孝是“齐家”能否成功的关键。能“孝”，就能“齐家”；能“齐家”，就能“治国平天下”。儒生的人生理想——“修身、齐家、治国、平天下”，步步都离不开一个“孝”字。

儒家最讲究孝道，而开启这个传统的正是儒家的圣人孔子。孔子与弟子谈孝道，表面说的是家庭的事，其实事事都映射着社会与国家。

比如，孔子有两个学生都以孝顺著称，一个是高柴，另一个则是大名鼎鼎的曾参。曾参被后世尊称为曾子，备受后人推崇的《孝经》就是曾参整理出来的。

高柴是一个非常有孝心的孩子，而且他是一个情感非常丰富的人。他在双亲过世的时候，悲痛得完全失控，完全沉溺在失去双亲的痛苦中，每日以泪洗面。

到了后来，高柴甚至连眼泪都哭干了，可他还是不能控制自己悲痛的情绪，仍每日哭个不停，最后他的眼中哭出的不再是眼泪，而是血水。

他的老师孔子知道后，很不高兴地评价说：“柴也愚。”

孔子说，高柴这样的举动实在是太愚蠢了，为失去双亲而悲伤这本来没有错，可高柴居然为此完全放纵了自己的情绪，以至伤害了自己的身体，这就实在对不起逝去的双亲了。因为父母在天之灵也一定不愿意看到儿子因为伤心而损害健康，甚至因此而无所作为。

孔子对高柴说，真正的孝顺应该做出一番事业来，应该成为一个有价值的人，这样父母的在天之灵也会得到安慰。儒家有一种主张认为，身体发肤，受之父母，应当好好珍惜，这是因为健全的体魄，是成就人生伟业的基础。

对于高柴的孝行，孔子的批评是“愚”。而对于曾参，孔子也有一个字的评价——“鲁”。

鲁，是鲁直的意思，当然比高柴的“愚”要好一些，但也好不了多少。

曾参的父亲叫曾点，是个脾气比较暴躁的人。他对曾参的教育很严厉，动不动就呵斥，有时急起来甚至会拿起棍子来教训儿子。

曾参拜在孔子门下学习了一段时间之后，懂得了要孝顺父母的道理。于是，每次父亲发火打他的时候，他为了让父亲消气，就一动不动地让父亲打，以至有时被打得遍体鳞伤。

孔子知道后批评曾参说，你这样让你父亲打，万一被打出了问题，一来损害了健康，影响你个人的人生，这种不爱惜自己身体的行为本身就是一种不孝；二来万一真打出了问题，甚至失手打死了你，这岂非也让你父亲担上一种恶名，被世人指责，不也是一种不孝吗？

曾参听后，觉得老师讲得很有道理，于是下次父亲发火要打他的时候，他就迅速逃走，但这让父亲更加生气。邻居们也纷纷议论曾参，说他连父亲的教训都不敢面对。

曾参很疑惑，又来请教孔子，为什么留下来挨打不对，逃避挨打也不对呢？

孔子叹口气说，曾参啊，你太不知变通了！聆听父亲的教训当然是天经地义的事，怎么能一看父亲发火就逃开呢？你要学会保护自己，也要保全父亲的名声和颜面。

这就是说，面对父亲的怒火时要灵活应对，父亲要打你的时候，应该机灵点儿，先看看棍子的粗细大小。如果是大棍子，就有危险，要赶紧避开；如果是小棍子，不会伤及筋骨，就让他打两下。“大杖则走，小杖则受”，居然是孔子开给学生面对父亲怒火时的灵丹妙药。

看上去，孔子对高柴与曾参的批评只是家庭琐事，甚至孔子的规劝及给予的解决办法也很有趣，并不关家国天下什么事。可是，孔子对高柴“柴也愚”的批评，以及对曾参“参也鲁”的批评其实并不是孤立的。

孔子紧接着还批评了两个人，一是“师也辟”，这是说学生子张的性格比较孤僻、偏激；一是说“由也喭”，这是说学生子路的性格粗野，好冲动。

子张的孤僻、偏激与子路的粗野、冲动，似乎与高柴的愚、曾参的鲁没有关系，可是孔子把他们放在一起批评，事实上是因为他对这四个学生寄予厚望，希望他们能实现治国平天下的理想，所以指出他们修身中的不足之处。而这种不足之处会影响他们的人生成就，同样也会在他们治国平天下的过程中产生负面作用，这才是孔子批评弟子的真正原因。

子张与子路的性格缺陷自不用说，而高柴与曾参在家庭生活中所表现出的不足更值得人重视与反思。所以孔子批评四人时，便先批评了高柴与曾参在孝行上反映出的不足，然后才说到子张与子路的性格缺陷。由此我们可以看出，孔子以及儒家对通过家庭生活的锻炼提高自己治国平天下能力的重视。

进入社会后，人们身上总是难免带着家庭教育的烙印，美德如此，不好的习惯亦如此。

《论语·学而》中说："其为人也孝悌，而好犯上者，鲜矣；不好犯上，而好作乱者，未之有也。君子务本，本立而道生。" 意思是，孝顺父母，顺从兄长，而喜好触犯上司，这样的人是很少见的。不喜好触犯上司，而喜好造反的人是没有的。君子专心致力于根本的事务，根本建立了，治国做人的原则也就有了。

对这段话，南怀瑾先生在《论语别裁》中的解释是一个遵守孝道的人很少会去捣乱，不好捣乱的人更不会生乱。君子应该寻求万物的根本法则来遵守，这个法则是什么呢？应该就是孝道。

也正因此，家庭生活的和谐与孝行的锻炼，其实就成了治国平天下的理想实现的重要预演。

沧溟先生如是说

从空间的角度看，中国人提倡“家国天下”；从时间的角度看，中国人喜欢说“家春秋”。

可见，中国人的“国”与“家”是息息相关的，中国人的历史与“家”也是息息相关的。所以家庭生活的和谐与孝行的锻炼并不只是一家、一户、一人的小事，而是有关国家、有关天下的大事。

第二讲

敬畏与感动

人生所关切者，莫大于天性之恩。父子兄弟，天性一体之恩也。子不孝，弟不悌，是灭天性也。

——《吴氏宗谱》

古时候，最让人们敬畏的事物，不是仙佛神灵，也不是妖魔鬼怪，而是天。

宇宙间终极的准则被称为天道。所有的神明之上最高的神被称为皇天、昊天。人类和一切动物都生存在天的恩赐下，这叫天恩。而天的威严神圣不可侵犯，这叫天威。人世间一切正义的行为，不过都是在奉行天的意旨，这叫替天行道。在古代人世间最大的权力掌控者皇帝也不过是天的子嗣，所以皇帝又被称作天子。

孝作为人的所有品德中最重要的品性，被称为天性；而不孝，自然就是天性泯灭，是要受到天的惩罚的。为了证明这一点，古代衍生出很多这样的故事，或者证明孝有感天动地的力量，或者证明不孝则必将受到上天的惩罚。

不孝则受天罚，这样的例子很多，在古代笔记小说中比比皆是。但相对于因警戒而生畏，树立榜样的作用更能让人生敬，由敬而效仿，由效仿而知感恩，从而达到最好的教育效果。孝心创造奇迹的故事，是中国人更乐于传颂的。

三国时的孟宗，自幼家贫，早年丧父，母亲含辛茹苦，坚决要供养孟宗读书上学。有一年，母亲做了一床很大的被子送到学校里来，说家里穷，帮不上跟孟宗一起读书的贫苦孩子，做条大的被子让贫寒的学子一起取暖也好。孟母的善良感动了学校所有的人。

一年，母亲得了重病，孟宗急忙赶回家照料母亲。虽得孟宗悉心照料，可母亲的病不仅不见好转，反而越来越重了。孟宗很着急，却毫无办法。一天，孟宗看到母亲胃口不好，就问母亲想吃些什么。母亲随口说，想吃笋尖汤，但说完就后悔了，当时是冬天，哪里找得到春天才有的笋尖呢？于是母亲连忙改口，说只是随便说说的。

孟宗思来想去，母亲辛辛苦苦把自己拉扯大，现在重病卧床，想吃一碗笋尖都无法满足，自己作为儿子又有何面目面对母亲？

于是他拿起工具，冒着风雪向山上走去。

孟宗好不容易寻到一片竹林，可林子里铺满了白雪，哪里会有笋尖？孟宗不死心，拿起工具在冻得坚硬的泥土上开始一寸一寸地挖起来。

虽然孟宗很努力，可他挖了很久，冻裂的手掌迸出了血，也根本看不到笋尖的踪影。孟宗失望至极，想到自己的母亲卧病在床却吃不到想吃的东西，不禁悲从中来，在竹林中放声痛哭。

当孟宗的眼泪落在坚硬的泥土上时，奇迹突然出现了，冬天的冻土突然层层开裂，雪与冰都融化在土中成了软泥，而软泥中竟然有绿绿的笋尖冒了出来……

孟宗哭竹生笋，终于为母亲刨到了笋尖，做了母亲最想吃的笋尖汤。说来也奇怪，母亲喝了笋尖汤后，居然痊愈了。大家都说是孟宗的孝心感动了上天，这才会有哭竹生笋的奇迹。

就在孟宗生活过的地方，有一个比孟宗还有名的孝子，留下过一段更为传奇的孝子佳话。

这个孝子名叫董永，很多人都知道董永和七仙女的故事，却不知道这个美丽的爱情故事最初却是一个无比感人的孝道故事。

董永是一个孝子，父母去世后，他无钱安葬，而古人认为入土为安，子女不能安葬父母是一种大不孝的行为。为了能使父母顺利安葬，董永不惜卖身葬父。

董永的孝行最终感动了天帝，天帝就让他的小女儿，也就是排行第七的织女下凡来搭救董永，并与董永结为夫妻。

因为孝心感动了上天，所以冬天的竹林会生出竹笋；因为孝心感动了上天，所以一介凡人可以娶仙女为妻。这就是古人对孝的朴素的认识，古人认为的孝心可以创造奇迹。而这个养育了孟宗、董永的地方，因为屡出孝子，后来地名就被称作“孝感”。

孝感现属湖北，因孝心而得地名，可见中国人对孝心能够感天动地的坚信与推崇。

虽然鲁迅先生对孟宗哭竹生笋的故事颇有怀疑，而董永与七仙女的故事也肯定只是神话传说，但孝心创造奇迹的例子在我们的身边并不鲜见。

2004 年，一个沉睡了三十年的老人，在并不是亲生儿子的人的悉心照料下，奇迹般地苏醒过来。2006 年，这位躺了三十二年的老人终于站了起来，最终行动如常，演绎了一段人间奇迹。而造就这一奇迹的孝子就是全国道德模范朱清章。

1975年的冬天，朱清章的母亲因病成了“植物人”。这之后，朱清章才从邻居那里得知了自己被抱养的身世，但他并没有抛弃养母,反而像亲生儿子一样担起了照料老人的重任。

从养母得病那天开始，他每天都要给养母擦洗、按摩，一年四季，从不间断。在这样的日复一日的坚持中，漫长的三十年就过去了。

2004年的一天，朱清章照例一大早来到母亲床边，给她擦洗、按摩，念叨着生活里的新鲜事儿。就在这时，奇迹出现了，母亲竟然醒了过来，并张口叫出了朱清章的小名。

又过了两年，在床上躺了整整三十二年的母亲竟然可以下床行走，如正常人一般生活了。连医生都说，这真是一个奇迹。

行孝之所以被中国古代哲人认为是一种天经地义之举，就是因为这样的行为是符合自然法则的。人类繁衍，生生不息，文化传承，薪火永续，就在这尊老爱幼的接力中实现。

人类学家说，人类文明从受伤的同伴能得到妥善的照料开始。中国又有句古话，“百善孝为先”，将孝行看作一个人良好品行的基础。

由此看来，养子朱清章的行为，是其崇高道德的一种外现。

沧溟先生如是说

其实，爱本身就是一个奇迹，我们所有人都因爱而生，而父母之爱如同天地大爱，这种爱应该让我们敬重，也应该让我们感动。同样，我们若能把这种感动用孝行表现出来，相信这种孝行同样也可以感动天地。

第三讲

感恩是一种卓识

终日戴天，不知其高；终日履地，不知其厚。故草不谢荣于雨露，子不谢生于父母。有识者须反本而图报，勿贸贸焉已也。

——袁仁《训子语》

人，虽然被称为万物之灵长，但在有些时候，又反而不如自然界的一草一木。

比如，花儿会盛放，是因为要吸引蜂蝶来帮它们传播花粉，这样，它们的物种就可以得到延续。而在延续物种的同时，它们也不忘提供花蜜来让蜂蝶们享用，这就是花儿们的感恩。

比如，果树会有果实，果实的核儿才是它们物种延续的秘密，鸟儿衔了果子后，会把果核扔在泥土里，这样果树的物种就可以得到延续。而除了果核之外的果肉，可以让鸟儿们享用，这就是果树的感恩。

感恩，是大自然得以良性循环、良性发展的秘密，但可惜的是，身为万物灵长的人，却常常表现出对这个秘密的无知，或者是熟视无睹。

袁仁在家训中就说，有些人终日在天地间生活，却根本没在意过天有多高，地有多厚；有些子女终日在父母身边成长，却根本没在意过父母的爱有多广博，父母的恩情有多深厚。能意识到这些并因此而感恩的孩子，才是真正有见识的人。那些希望上进的孩子，可不要在感恩的道理上蒙昧无知啊！

袁仁说得很有道理，要想有孝心，首先就应该学会感恩。

陈毅元帅为人民革命戎马一生，常常因为忙于工作，没有时间回故乡照料年迈多病的母亲。

一次，时任新中国外交部部长的陈毅从国外访问回来，途经四川老家，因为尚有时间空余，就特意回家去探望老母亲。当时母亲正生病卧床，事先并不知道儿子会回来，等到听见陈毅进门的声音，床上的母亲反应过来，慌忙把床边的一些衣物塞到床下。

原来，母亲因为生病，不能下床，小便只能尿到尿裤上，然后再换下来洗。这时，床边正有换下来的尿裤，还没来得及拿走，没想到陈毅正好回来，母亲怕孩子看见，只好临时塞到床下。

可是，陈毅已经将这些都看在了眼里，他先问候了母亲，然后把床下母亲的衣物拿了出来，找出水盆，挽起衣袖，就要动手帮母亲洗。

躺在床上的母亲连连摆手："你都五十多岁了，又是国家的领导人，怎么能让你洗尿裤呢！"

陈毅对母亲笑笑说："再大也是您的儿子啊！我小时候，母亲不是一样帮我洗尿裤吗？而且母亲帮我洗过无数的尿裤，而我只偶尔帮母亲洗一次，哪有什么不应该！"

其实，在生活中，我们不只要对父母亲人心怀感恩，对帮助过自己的陌生人也要心怀感恩。

韩信年少时，曾经穷困潦倒。一次，一位在河边洗衣的妇人见韩信饥饿难耐，就把自己的午饭给他充饥。后来韩信功成名就，做了淮阴侯，四下打听，终于寻访到当年那位善良的妇人，赠予其千金报答她当年的恩情，这就是成语"一饭之恩"的来历。

不只对人需要感恩，对社会也需要感恩。像"股神"巴菲特、微软公司创始人比尔·盖茨、Facebook 创始人扎克伯格等人，用在自己身上的花费很少，却把巨额财富回报给社会。

巴菲特虽然富甲天下，却一直住着小房子，开廉价车；比尔·盖茨和扎克伯格经常穿着普通得不能再普通的 T 恤衫。

然而，他们在慈善事业上从不小气，投入巨额财产成立慈善基金，用于社会事业与公众福利。这种义举，正是源于他们对社会的感恩。

其实，不只是对人、对社会要心存感恩，甚至对眷顾过你的命运，乃至给过你巨大挫折的命运也要心存感恩。

霍金生前曾被世人誉为“在世的最伟大的科学家”，他的人生经历堪称不屈服于命运的奇迹。

因为患有卢伽雷氏症，他终身被禁锢在轮椅上，只有三根手指可以活动。又因为肺炎手术，他彻底失去了说话能力，沟通交流只能通过语言合成器来完成。

在一次学术报告后，一名记者问霍金：“霍金先生，疾病已经将你永远禁锢在了轮椅上，您不认为命运让你失去了很多吗？”

对于这个尖锐的问题，在场的很多人都觉得太失礼，不知会不会因为问到痛处而让霍金不满。

可是，仅仅过了片刻，霍金就敲出了他的答案：

“我的手指还能活动！我的大脑还能思维！我有终生追求的理想！我还有爱我和我爱的亲人与朋友！”

全场立刻响起了雷鸣般的掌声，这就是一个只有三根手指可以动弹的人给出的答案，虽然饱经生活的磨难，可他患病的身躯下依然有着那样一颗温暖的心。一个人，该有多么强大的精神，有多强大的内心，才能如此骄傲而温情地面对如此坎坷的人生！

在众人的掌声中，突然，霍金又补充了一句回答：

“对了，我还有颗感恩的心！”

这不只是对坎坷与磨难的超越，更是对厄运与病痛的包容！

关于感恩，前些年十分流行的一首陈乐融作词、陈志远作曲、欧阳菲菲演唱的《感恩的心》，颇得其中精髓：

我来自偶然，像一颗尘土；有谁看出我的脆弱？

我来自何方，我情归何处？谁在下一刻呼唤我？

……

感恩的心，感谢有你，伴我一生，让我有勇气做我自己。

感恩的心，感谢命运，花开花落，我一样会珍惜！

感恩是一种卓识，非卓越者不能，非伟大者不能。

人生天地间，一切都值得我们感恩！

沧溟先生如是说

对父母感恩，对友人感恩，甚至对命运、对陌生人、对社会常怀感恩之心，才能彻底激发一个人内心深处温暖与强大的力量。

一个不知感恩的人会被温暖抛弃，一个不懂感恩的人会与幸福无缘。

第四讲

不可或缺的教育

父之爱子，人之常情，非待教训而知也。子能忠孝则善矣。

——李世民《教戒太子诸王》

一般人提倡孝道，总说孝是人的一种本能。其实不然，有关这一方面，中国古代家训的认识明显要深刻得多。唐太宗李世民就认为，父母对孩子的爱确实出于一种本能，而让孩子对父母、对长辈尽孝道，那就不能只靠本能，而要靠教育、培养和影响了。

唐太宗的观点到底对不对呢?

反对的人常常会举出乌鸦反哺、羊羔跪乳的例子。这两种自然现象被认为是孝道出于本能、出于天性的最好例证。

乌鸦反哺出自李时珍的《本草纲目》，是说小乌鸦刚刚降生的时候，乌鸦妈妈会亲口哺食长达六十天。等小乌鸦长大后，老乌鸦飞不动了，不能觅食了，小乌鸦会主动喂食老乌鸦，以报小时候乌鸦妈妈的哺育之恩，人们把这种现象称为乌鸦反哺。

羊羔跪乳的典故出自《增广贤文》，是说羊妈妈生了小羊羔之后，每时每刻都对孩子无微不至地悉心照料。小羊渐渐懂事后，对妈妈说：“妈妈，妈妈，你如此爱我，我该怎样报答你呢？”羊妈妈说：“妈妈不要报答，只有你有孝心就够了！”小羊感动得落了泪，它扑通一下给妈妈跪了下来，从此，妈妈喂奶的时候，它永远是跪着吃奶，用这种姿势来表达对羊妈妈哺育之恩的感激，这就叫羊羔跪乳。

一般举到这两个例子都会说：“看，连动物都有孝心，难道人还不如动物吗？”

是啊，难道人还不如动物吗？连动物的“孝心”都不如，那可真是禽兽不如了！

这两个例子作为孝道教育的例子，实在非常好。但要据此说，孝道完全是一种本能，就不免偏颇了。

魏晋时期有位大名士叫阮籍，他是个大孝子，但他平常的言行却十分狂放怪诞。

一次，司马昭召集手下文人聚会。有人说到一条新闻，说一个当儿子的居然用刀杀死了亲生母亲！在场众人一听，一片哗然，纷纷指责这个当儿子的禽兽不如，应该明正典刑，判他死刑。

当时阮籍一直没有吭声，而一向与他关系不合的钟会则挑衅地问阮籍："阮先生如何看呢？"

阮籍沉默了片刻，突然说："杀父亲也就算了，居然杀母亲，果然禽兽不如！"

此言一出，举座哗然，钟会立刻对司马昭说："阮籍居然说杀父尚可，这是大不孝，该是杀头的大罪。"

司马昭也很奇怪，先是对钟会摆摆手，然后看着阮籍："请问阮先生，你为何这么说？"

阮籍冷静地说："动物只知有母，不知有父，所以动物界有弑父的现象，可是没有听说过动物有弑母的现象，现在这个家伙连母亲都杀，岂不是真的禽兽不如？"

司马昭笑笑说："先生果然思路奇特啊！"

其实，阮籍这么骇人听闻地说"杀父尚可"是有原因的，他是在讽刺当时社会的伪善与伪孝道。但抛开这层含意不谈，他谈的自然现象倒确实是客观存在的。

许多动物不知有父，只知有母，科学家认为一些动物对母亲哺育的反应，只是一种反射行为，不具备社会学意义。而孝道则是一个伦理概念。人们因伦理道德的需要，把低等动物的行为现象引申为孝道本能，本身就是一种引申、比喻与夸张的教育方式。反过来，这正说明了孝并不全是人类的本能，而是社会伦理规范与道德教育的需要。

人的本质究竟是什么？

马克思在《关于费尔巴哈的提纲》中对此论断道："人的本质不是单个人所固有的抽象物，在其现实性上，它是一切社会关系的总和。"人在特定的群体中生活，在社会关系中生存，而社会关系的维系必然需要伦理规范和道德准则。换言之，伦理规范和道德准则是群体生活和社会关系的纽带。而孝道，又是一切伦理规范和道德准则的天然基础。

所以，孝不只是对母亲孝，还要对父亲孝；孝也不只是对父母孝，还要对所有长辈孝。既然能对"上"行孝，那么对"下"施爱就不难。如能既尊老又爱幼，那么和谐的社会氛围的建立就不难。

这就是传统儒家首倡孝道的关键所在。

没有父母不爱自己的子女，因为这确实是本能。但子女不孝敬父母的却常有耳闻，这不能不让人唏嘘，这类对上不孝的人急需通过教育与影响来改变。

唐太宗李世民为了和自己的亲兄弟争王位，不惜发动“玄武门之变”，亲手杀死了自己的哥哥与弟弟，又逼迫父亲李渊让位给自己。

从道德的角度讲，这已经是大不孝了。当他成为父亲，看着自己的儿子们像当年的自己一样，觊觎皇位，互相钩心斗角，甚至不择手段，他的内心充满了深深的懊悔。我们不知道他对当年逼父、弑兄有过怎样的忏悔，但从他勤勉地教育几个孩子，甚至为太子专门写了一部家庭教育专著《帝范》这一举动看，就可以知道他在晚年深深认识到孝道的教育不可或缺。这本《帝范》，被称为“中国古代最伟大帝王的智慧书”。

从字源上说，教育的“教”字从“孝”。所以，“孝”自“教”出，“教”亦从“孝”出。

在李世民看来，子之忠孝，有待教训，也就是说孝道有待于教育，有待于影响，这真是一种真知灼见。这种教育和影响可以来自家庭，也可以来自社会，还有必要采用一切教育手段。

不论是对于个体还是群体来说，孝道教育都不可或缺，因为它既关系到每个人的成长，又关系到全社会的和谐。

沧溟先生如是说

人生真正的价值并不体现在一时的成功，而是体现在不断的成长。

成长，一方面有赖于自我的努力，另一方面也有赖于教育的影响。教育的“教”字从“孝”，由此我们可以认为孝道教育是道德教育的出发点，是社会教育的重要方面。这是每一个人在成长过程中应该明了的。

第五讲

父母之爱

父母之爱子，则为之计深远。

——《战国策 · 触龙说赵太后》

赵王年幼，即位不久，便有秦国来犯。赵国抵挡不住，便向齐国求助。齐国要求把赵王的弟弟长安君送去齐国做人质，才肯出兵。

赵太后很爱这个儿子长安君，听到这个条件之后勃然大怒。

但是，秦国大军压境，很多人便排着长队来劝说赵太后，让她同意把长安君送到齐国，以解赵国之危。赵太后听多了劝说，更加不耐烦，直言：再有谁来讲这件事，我就吐他一脸口水。

大臣们看到赵太后态度如此坚决，只能知难而退。

就在这个时候，太师触龙前来拜见赵太后。赵太后当然知道触龙前来的目的，因此早就做好了准备，气势汹汹地等着他。

赵太后没想到的是，触龙来了之后，并没有提起长安君的事，而是跟她拉起了家常。

触龙先是和赵太后聊了她的饮食起居，再聊到了自己为小儿子舒祺做的安排与打算。接着又很自然地聊起了赵太后的孩子。

触龙说，我觉得您对您的大女儿、今天的燕后的爱胜过长安君。赵太后当然要否定触龙的说法，她说，这怎么可能，我当然是爱长安君更多。

于是，触龙趁势说出了那句人们耳熟能详的经典之语："父母之爱子，则为之计深远。"这句话的意思是，父母爱孩子，就会为他考虑长远。触龙跟赵太后推心置腹，说您送别燕后时，虽然因为她远嫁他乡而伤心不已，但是现在每次祭祀时，却祈祷她一定不要回来。之所以如此，就是为她长远打算，希望她的孩子成为君王，那她在燕国就能长久立足了。

赵太后不由得点头承认，事实确实如此。

触龙又说，赵国成立后，赵王封侯的子孙继承了父辈的爵位，躲在父辈的庇护下，自己却没有什么本事，所以现在他们都没有长久发展。就这样，触龙把话题很自然地引到了长安君身上。

他指出，您做的事就跟当初的王侯将相一样，只给长安君提供地位、土地、权力，但是长安君却没有能力掌控它们，这不是在爱他，而是在害他。所以我觉得您更爱燕后，因为您为燕后考虑得更长远。

听后，赵太后沉思许久，最终同意把长安君送去了齐国。

《诫伯禽》是史上最早的家训之一。

这篇家训的作者是周公，西周初期杰出的政治家、军事家和思想家。周公姓姬名旦，是周文王姬昌的儿子，武王的弟弟。因为他的封地在周，所以被称为周公或周公旦。

周公曾助武王灭商。成王幼年即位，由他摄政后平定管叔、蔡叔、霍叔叛乱，分封诸侯，营建东都洛邑，并制建礼乐典章，主张“明德慎罚”。其言论见于《尚书》的《康诰》《大诰》《无逸》《多士》诸篇。

《诫伯禽》是周公在儿子伯禽到鲁国赴任前对他提出的期望。其中，比如“君子不施其亲，不使大臣怨乎不以。故旧无大故则不弃也，无求备于一人”，是告诫伯禽不要怠慢亲戚，不要使大臣埋怨没有被任用，不要对以前的老朋友求全责备；“君子力如牛，不与牛争力；走如马，不与马争走；智如士，不与士争智”，则告诫伯禽即使才能过人，也不要与有专长的人争强斗胜。

周公还特别嘱咐说：

> 德行广大而守以恭者，荣；土地博裕而守以险者，安；禄位尊盛而守以卑者，贵；人众兵强而守以畏者，胜；聪明睿智而守以愚者，益；博文多记而守以浅者，广。

周公教导伯禽，本领强大而以谦恭的态度自处，便会得到荣耀；土地广阔富饶，而时刻警醒，才能确保平安；位高权重而用卑微的方式自律，你便更显尊贵；人多兵强而不轻言战争，才能最终胜出；而用谨慎的心理坚守，你就必然胜利；聪明睿智而不耻下问，才能获益良多；博闻强记而以肤浅自谦，才能见识更广。

周公认为即将上任的伯禽要自处、自律、自谦、自卑，懂得居安思危、谨慎从事、低调做人。训诫之严格，教导之全面，充分体现出周公对儿子的良苦用心。伯禽也没有辜负父亲的期望，没过几年就把鲁国治理成民风淳朴、务本重农、崇教敬学的礼仪之邦。

古代有“长兄为父”的说法，因此在古代的大家庭中，许多兄长也都担负着教育、培养弟弟妹妹的责任。

“晚清四大名臣”之一曾国藩，便是这样一位始终把教育弟弟妹妹看得无比重要的儒家知识分子。他始终强调修身养性是一切学术事业的基石，特别是对于传统儒家伦理思想中倡导的修身养性的道德品质，更是推崇备至，认为那是理想人格的最高境界。

曾国藩在《致诸弟》的信中曾提道，“吾辈读书，只有两事：一者进德指示，讲求乎诚正修齐之道，以图无忝所生；一者修业之事，操习乎记诵词章之术，以图自卫其身。”由此可见，曾国藩已将修身养性与事业发展，乃至于家庭兴衰联系在一起。

曾国藩认为，修身养性，不应只停留于追求内在修养、德性的提高，外在行为举止也应当表现出一定的修养，即做到“重厚”。所谓“重厚”，是指举止端庄，认真严肃，心存仁义，不狂言乱语。曾国藩对此颇为看重，在给曾氏诸子弟的书信中曾多次谈到这一问题。

在曾国藩看来，行为举止上之所以做不到“重厚”二字，原因在于内在修养与德行不够，而不注重外在形式，不以“重厚”约束自身行为，又会进一步阻碍德行的增进。长此以往，修身养性必将停滞不前。

沧溟先生如是说

高尔基说过：“爱护自己的孩子，这是母鸡都会做的。但教育好孩子，却是一门艺术。”中国历代有许多专门的家训，对子女给予多侧面的警醒与提示，希望他们能够在人生的道路上不断有所进益。

第六讲

不孝多因无知

不肖子孙，眼底无一句诗书，

胸中无一段道理。

—— 章仔钧《太傅公家训》

中国古人，关于孝道既有一整套思想体系，也有许多神奇传说，有些看似荒诞不经，实则深蕴寓意，值得我们反思。

看过宫崎骏动画电影《千与千寻》的朋友应该都有印象，因为受到蛊惑，小主人公的父母都变成了猪，这个情节与下面这个故事颇有几分神似。

清代大文豪王士禛在他的《香祖笔记》一书中，曾经特意记载过一个小故事。

古代邯郸有一个叫侯二的人，是个无知的小混混，不仅人特别浑，而且特别不孝顺。

一次，家里没有米了，他就让母亲扮成叫花子出门讨饭，母亲不得已，只得出门讨米。因为讨回来的米少，侯二大为光火，不仅打骂母亲，还扬言要把母亲赶出家门。无论老婆孩子怎么苦苦哀求，他都不听。

母亲被赶出家门后没几天，侯二突然全身长满了毒疮，而且怎么也治不好。没过多久，侯二身上的毒疮溃烂，一命呜呼了。

侯二死后托梦给他的儿子，说自己因为忤逆母亲，大不孝，所以被阎王罚到京城宣武门西的车子营，投生在一户叫张二的人家变成了一头猪。侯二求儿子，一定要赶去把他从猪圈里救出来，他可不想当一头猪！

侯二的儿子将信将疑地赶到车子营，找到了张二家，张二家的老母猪果然新产了一头猪，这头猪非常奇特，居然是猪身人面，搞得四邻震惊，好多人前来围观。侯二儿子也挤到猪圈面前，一看不禁大哭，因为他立刻认了出来，那张长在猪身上的人脸跟他爹长得一模一样。

侯二儿子忙把他爹托梦的事说了出来，央求张二让他买下这头猪并带着这头猪离开。

张二不解地问："为什么你爹会变成一头猪呢？"

侯二儿子不得已，只得把侯二不孝，忤逆打骂奶奶并把奶奶赶出家门的事儿说了出来。

听完这番话，张二坚决地摇了摇头："这头猪不卖，你爹这种无知的忤逆子只配在猪圈里生活！"

在场的众人都支持张二的决定，最终侯二儿子只能空手而返，而侯二也为他的不孝受到了惩罚！

其实，这个故事更像是一则警示世人的寓言。

就像本文所引章仔钧家训里说的，不孝就是因为眼底无诗书、胸中无道理，归根结底，就是因为无知、无修养。这是说人的道德修为与知识修养是有密切关系的。在某种意义上，我们也可以说，一个人若能饱读诗书，好学明理，就不至于因懵懂无知而陷于暗昧，更不会沦为不孝子；反过来，一个人若能从暗昧无知中觉醒，则能幡然悔悟，浪子回头，重新做一个堂堂正正、对社会有益的人。

我国西晋时期学者、医学家、史学家皇甫谧出生于名门仕族，是东汉名将皇甫嵩的曾孙，从小娇生惯养。可是一场战乱使他家破人亡，他失去了父母，被叔母任氏收养。本来经过这一场变故，皇甫谧应该成熟起来，可是，实际情形并非如此。

叔母任氏十分可怜他，不忍心斥责这个孤儿，对他很是放纵和溺爱。所以皇甫谧虽然父母双亡，娇生惯养的毛病却没有改。

少年皇甫谧可以说是个十足的“熊孩子”，从小就跟着一帮小伙伴调皮捣蛋，二十来岁还天天游手好闲，无所事事。这让疼爱他的叔母任氏十分痛心。

任氏见皇甫谧一事无成，觉得无颜去见九泉之下皇甫家的列祖列宗，心中满是忧愤愧疚，加上年龄大了，不久就病倒了。

一次，皇甫谧摘了几个瓜果送给叔母任氏，以表孝心，结果任氏却十分不悦地说，你也是成年人了，天天游手好闲，完全没有教养，几个瓜果怎能抚慰我？你应该改掉陋习，好好学习啊。

任氏对着皇甫谧哭诉，皇甫谧方才羞愧感悟。他回想起叔母的养育之恩，再想到自己的所作所为，十分惭愧和悔恨，于是痛改前非，决心用实际行动来弥补自己的过失，做一个有用的人。

顿悟的皇甫谧开始了自己开挂的人生。

他每天晚睡早起，耕作劳动，勤奋读书，连种田的时候也手不释卷。他也由一个不务正业的少年成长为“沉静寡欲”的学者，并接连编撰了《历代帝王世纪》《高士传》《逸士传》《列女传》《元晏先生集》等书，终成一代大家。

后来他不幸得了重病，下肢瘫痪。为了战胜病魔，使自己重新站起来，他又潜心研究医学，几年之内通读了大量的医书，并在自己身上进行了上万次的针灸实验，掌握了大量的第一手资料。

经过不懈的努力，皇甫谧写出了我国第一部针灸专著《针灸甲乙经》，他也因此被誉为我国针灸学的鼻祖。

养孝心，修孝道，不仅是激励自我不断成长的一种方式，也是人生不断成长的一种见证。

如果一个人永远不努力，不进步，不成长，那么他就会浑浑噩噩、一事无成。一个人如果能秉持孝心，则会始终有一颗上进心，从而不断地学习进步，提升自我。哪怕他年轻的时候对父母、对长辈有过无知而幼稚的言行，有过放荡不羁的过错，最终也能成长为品行皆佳、事业有成的孝子。

今天我们孝敬父母，当然不是出于功利的算计，更不是慑于传说故事的恐吓。我们对父母好，是一种发自内心的爱和感恩的敬。

尤其是独生子女一代，父母在年轻时把所有的爱都倾注在我们身上，父母到了晚年，我们也是他们唯一的精神寄托和亲情依傍，孝顺父母，更是我们应尽的责任。

沧溟先生如是说

中国人讲究知行合一，换一个独特的角度来看，当你的知识与修养逐步提高的时候,你的言行举止的高度也会随之提升。修养与孝行也是这样的关系。

养孝心、修孝道其实是让自我不断成长的一种方式，同时，它又是人生确乎在不断进步、不断提升的一种证明。

第七讲

找到内心的良善

天理良心，人之所以为人；宽仁厚德，覆载所以长久……得天地以为人，天地故为父母；父母才有我身，父母故同天地。欺堂上父母易，欺头上父母难……孝在修德，德在修心。

—— 刘沅《豫诚常家训》

什么是良心？

良心这个词出自《孟子》一书，宋代理学大师朱熹注释说："良心者，本然之善心。"也就是说，良心是人的天性中本来就有的善的一面。

事实上，孟子之所以会提出"良心"说，是因为他主张人性本善，他认为人性本来是善良的。不善的人只是在人世中被现实污染了，只要每个人能找回人性中本来就有的善的一面，那么人人皆善，建设和谐的社会也就没什么困难了。

但是这样一来，我们会问，既然人性本善，恶又是如何出现的呢？能污染人性的黑暗现实又是如何产生的呢？

同为儒家传人，荀子就不同意孟子的观点，他认为人性本恶，正是因为人性本恶，所以人才需要不断学习，借此来改变自己恶的一面。这样人人修身，才有可能社会和谐。

事实上，人性到底是本善还是本恶，这个问题在人类文明史上已经争论了数千年，到现在仍没有定论。

毫无疑问，人性中一定有善的一面，否则，人们不会把向善作为修养身心的终极目标；同样，人性中也一定有恶的一面，否则，人们不必把修身作为人生的必修课。所以，从这个角度看，良心，既可以是人性善的觉醒与回归，也可以是对人性恶的超越与升华。

所以，刘沅在家训里说“孝在修德，德在修心”，并用天地自然孕育万物的规则来比喻，一方面提醒后代不要忘记自己良善的本心，另一方面提醒后代要不断在现实中修炼那颗良善的本心。而保持本心与修炼本心的出发点，则都在一个“孝”字。

这让我想到前些年颇有争议的一件事。

前些年，各地中小学开始推行孝道教育，提倡孝亲行为时，让中小学生为父母洗一次脚，成为一项热门的德育实践活动。

可是，一位知名学者却对此发出批评的声音，说“应该抵制孩子给父母洗脚”，说“小学生给父母洗脚是愚孝”，并引用鲁迅先生批判《二十四孝》的例子作为论据抨击说：“小学生给父母洗脚，不就是把我们推倒的东西又扶起来了吗？这种愚孝，在鲁迅生活的时代就已经被推翻，为何现在却要去捡起来呢？”

这样的观点一出，引起舆论哗然。对此，各方意见纷纭，争得面红耳赤。

对于这位学者的观点，我们其实有几个不得不问、不得不思考的地方。

第一，鲁迅在《朝花夕拾》中有一篇《二十四孝图》的文章，确实专门谈了古代孝道的问题。但就算是二十四孝，鲁迅也主张分别看待。

像子路负米、黄香扇枕、陆绩怀橘，鲁迅都认为应该效仿，甚至模仿陆绩作了怀橘的想象。鲁迅主要批判的是老莱娱亲、郭巨埋儿这样为了践行所谓的孝道，不近人情、泯灭人性的残忍行为。

就算是对二十四孝的故事总体上持批判的态度，鲁迅毕竟没有否定给父母洗脚的孝行，也没有认为给父母洗脚就是愚孝。

第二，鲁迅所生活的时期，新文化运动风起云涌，各种新思潮应运而生，其中并非没有矫枉过正的地方。

而后来我们对传统文化的破坏、曲解与无知更是到了令人发笑、叹惜、痛心的地步。难道这其中被“我们推倒的东西”就真的全无价值吗？就真的全无“捡起来”的必要吗？如若如此，又何来复兴国学的必要呢？

第三，何谓愚孝？

其实考察中国的历史就会知道，孝本来无所谓愚与智的，虽然孝道在实践的过程中也有不少误区，但愚孝之说主要是因愚忠而起。

封建统治者为了维护自身的统治，主张以孝治天下，其背后不可告人的目的就是让臣民对其愚忠，为使民愚忠而提倡的“伪孝”才是真正的愚孝。孩子为父母洗脚，与这种愚忠愚孝丝毫没有关系。

看来，这位学者并没有真正理解中国古代孝道与孝文化的精髓。如果他看过刘沅的家训，就会知道，虽然行孝的方式很多，不一定非要为父母洗脚，但肯为父母洗脚确实是一种孝行，是一种道德上、良心上的修行。

这种修行虽然在生活中也可以用各种各样的方式来实施，也可以依据每个人的喜好来施行，但这种修行本身是不可缺少的。

现在的孩子大多是独生子女，他们大多没有经历过生活的艰难，对父母的呵护、辛劳与付出的一切都认为是理所当然的。

在这种情况下，提倡从实践做起，让孩子们为父母洗洗脚，来践行子女对父母应尽的孝心，这种方式既能让孩子们找到内心的良善，又能让孩子们有所感触进而成长，何乐而不为？对于这种做法，又怎能一棍子打死，一句话抹杀呢？

子女表达对父母养育自己的感激之情，当然可以有多种方式。

早晨起床道一声早安，出门之前打一声招呼，放学、下班回家道一声“我回来了”，吃完饭主动洗碗、收拾厨房，在父母疲倦时给他们按摩一下……这些都是回馈父母的好方法。给父母洗脚、擦背，同样是。通过这样的行动，我们不仅表达了自己的感恩之心，也能体会父母曾经为养育我们所付出的辛劳。体会父母的付出是纯粹自然的、毫不犹豫的，没有讨价还价。

鼓励中小学生为父母洗脚竟在社会上引起争论，恰恰是值得我们全社会反思的。

沧溟先生如是说

行孝，其实是一种修炼，是修炼品格，是修炼良心。

孝能让你找到人性中善的一面，也能让这种善良不断成长与强大。所以，哪怕不是为父母洗洗脚，而是为爸妈揉揉肩、捶捶背，或是陪他们说说话，聊聊天，只要他们能因此而快乐，你的心也能因此而温暖。

第八讲

孝是一种修炼

奉亲，最急也，啜菽饮水尽其欢，斯谓之孝；祭祀，最严也，蔬食菜羹，足以致其敬。

——陆九韶《居家制用》

一次，孔子带着弟子正在赶路，突然，前面传来一阵阵的哭声。

孔子仔细聆听了片刻，便对驾车的学生说：“快赶车，快赶车，前面有贤人！”

弟子感觉很奇怪，不过是一个路人在哭，有什么值得大惊小怪的呢?

弟子表示不解，孔子摇摇头说：“这阵哭声不简单，其中蕴含着深刻的道理，你们去了解一下就知道了。”

往前走了不远，孔子见路旁有一个身披粗布、手执镰刀的男子正在哭泣。孔子仔细一看，认出了此人正是当时很有名、也很有才学的皋鱼。

孔子下车问皋鱼：“莫非你的家中出了什么事，你为什么哭得如此悲伤？”

皋鱼对孔子施了礼，噙着泪回答：“我哭，是因为我悔恨，我的人生有三个不可挽回的过失啊！”

孔子看了看身边的弟子，又看了看悲伤的皋鱼，等待他说下去。

皋鱼陷入深深的回忆，伤感地说：“我年少的时候周游列国，四方求学，为此远离家乡，没有把照顾父母亲人放在第一位，这是过失之一。

后来，我学有所成，又为了自己的人生理想，四处奔波，再加上为君主效力，更没能在父母身边尽身为儿子的孝道，这是过失之二。

我这一生，跟朋友交情深厚却不经意间疏远了亲人，等到我意识到应该好好侍奉双亲时，他们却离开了人世，这是过失之三。

现在，树欲静而风不止，子欲养而亲不待！我幡然悔悟，想好好地孝敬父母的时候，父母却已经永远离我而去了！过去而无法追回的是岁月，逝去而无法再见的是亲人。请允许我从此离别人世，去陪伴逝去的亲人吧。”

皋鱼声音渐弱，不一会儿，竟坐在道旁离开了人世，脸上，还挂着悔恨的泪水。

后来，孔子对弟子们说：“你们要以皋鱼为戒，他的经历足以让你们认识到人生孝道的大道理了——行孝是一件等不得的事啊！”

这件事在《孔子家语》与《韩诗外传》中都有记载，皋鱼所说的“树欲静而风不止，子欲养而亲不待”也成了中国孝文化中的千古名言。

中国人对这句名言之所以如此认同，是因为我们在成长的过程中都会或多或少地发现，都会不同程度地体会到，行孝真是一件等不得的事。

正如唐太宗李世民在家训中所说：“父之爱子，人之常情。子之忠孝，有待教训。”父母对子女的爱，完全出于天性，自始至终，无不具备。可子女对于父母的孝心，却要在成长的过程中渐渐形成。

我们年少的时候，虽然大多也知道要孝敬的道理，可并不能完全发自内心地深刻体会。等到历经人世的沧桑，丰富了人生的阅历，充分理解体悟到要孝顺敬养父母时，他们却已经老了，甚至因为患病等缘故已经离开我们。那时，无尽的悔恨与遗憾会伴随着无处成全的孝心，成为我们生命中的不可承受之重。

国学大师季羡林曾在《怀念母亲》一文中提到，他年轻的时候看到母亲身体还健康，就想一切以学业为重，等到自己大学毕业后再好好报答操劳了大半生的母亲，可是等到他学业有成、欲报亲恩时，母亲却患病去世了。他为此感到深深的歉疚，并深深地体会到了子欲养而亲不待是人生中最难承受的深切的悲哀。

在及时行孝上最值得人称赞的是宋代的包公。

包公名包拯，为官铁面无私，不畏强权，是千百年来中国百姓心目中的“包青天”。包拯的为官之路曾因“子欲养”而中断过十年。

包拯少年时就备受父母疼爱，他自己也很争气，从小就知书达理，性情敦厚，并以孝闻名。

到了二十八岁的时候，他考中了进士，被任命为江西永修的知县。包拯是安徽合肥人，要远离家乡去任职，因为不放心家中年迈的双亲，于是决定带父母一起去江西。

可是两位老人年事已高，心中实在不愿离开故土。包拯看出了父母的心思，心想自己为国尽忠的日子还长，但父母的年纪越来越大，自己尽孝的日子越来越少。父母一生辛劳，更为自己付出了一生的心血，自己怎么能只顾着前程，而让老人受背井离乡之苦呢?

包拯感念父母之恩，最终毅然决定向朝廷辞去官职，在家照顾父母。包拯辞官奉养双亲的举动传开后，受到民众与朝廷的一致赞扬。

包拯得到皇帝御旨后，回到家乡，尽心侍奉父母。居家的七年，包拯以孝亲闻名乡里，直到父母相继亡故，他又守墓三年。整整十年之后，三十八岁的包拯才重新踏上仕途，开始他的“青天”之路。

实际上，不仅中国传统文化大力提倡孝顺，西方文化中也有同样的说法。亚米契斯便说过：“一个人如果使自己的母亲伤心，无论他的地位多么显赫，无论他多么有名，他都是一个卑劣的人。”

在现实生活中，我们常常看到一个人越早明悟孝心，越早懂得孝敬之道，就会越早洞明人生的智慧和社会交往的道理，也就会正确处理好与他人和社会的关系，越早找到成就事业的门径，踏上健康成长之路，获得幸福圆满的人生。

沧溟先生如是说

孝是一种修炼，越早行孝越好。

一方面，我们的父母正在慢慢老去，所以尽孝是等不得的事情。每等一天，便会积下一天的遗憾。

另一方面，越早明悟孝心、越早懂得孝敬的人，会越早彻悟人生的智慧与道理，也就会越早踏入健康成长的坦途，获得成功的契机。

第九讲

一切美德的源头

孩提知爱，稍长知敬。

一孝立，万善从，是为肖子，是为完人。

——姚舜牧《药言》

中国古代有句名言，叫“百善孝为先”。

为什么“百善孝为先”？因为孔子说：“孝，德之本也。”孝是一切道德的基础。人的社会性决定了我们必须要与人共处。父子、夫妇、兄弟、君臣、朋友，这五种关系被古代儒家称为“五伦”。

在儒家看来，这五种关系是其他关系的基础，而父母与子女的关系又是这“五伦”的基础。只有有了“孝”的基础，才能“五伦”和谐；只有“五伦”和谐，社会关系才能和谐。

当然，儒家的“五伦”关系中有很多封建糟粕，但亲人、朋友间应该追求和谐关系却是颠扑不破的真理。

有一个现代意义上的“狼人”，被称为“毛孩”。他从小被遗弃在山野中，机缘巧合，被狼群抚养大，一直跟狼群一起生活。后来科学家发现了毛孩的踪迹，想尽办法，将他从山野中领回人类社会。

回到人类社会的毛孩，因为不会与人沟通，对周围的一切都充满了敌意。

不论是对帮助他的科学家，还是对每日照顾他的工作人员，他都充满了敌意。在人类居住的环境中，毛孩一旦稍有自由，就表现出极大的攻击性来。

科学家为了改变毛孩的“狼性”，唤起他的人的本性，想了各种各样的办法，可大多没有效果。有些研究人员认为，由于之前一直和狼群生活，毛孩的智力停留在两三岁的婴儿水平；因为智力止步不前，其人性回归的机会最终会变得极其渺茫，让他具有人类的道德观念则完全是一件不可能的事情。

后来，有人无意中将毛孩与一只温顺的大狼狗放在一起，毛孩把狼狗当成了自己的亲人，渐渐地竟与“狼狗妈妈”产生了感情。渐渐地，毛孩与狼狗的主人也产生了感情，终于渐渐融入了这种类似于“家庭”的氛围中，其人性终于有了觉醒与回归。

可见，最能唤醒人良善本性的关系就是亲情，就是父母与子女血浓于水的亲情。

有时候，亲情是将人从深渊中拉回来的坚韧的力量。

杨过是武侠小说《神雕侠侣》中的主人公，也是为广大读者所喜爱的小说人物之一。

杨过的人格魅力在于他从一个似乎注定的悲剧中走了出来，从父辈的阴影中走了出来，从坎坷的命运中走了出来，成长为一个“为国为民，侠之大者”的大侠。

杨过的父亲杨康认贼作父，恶行累累，阴谋被黄蓉拆穿后欲杀黄蓉灭口，没想到反而搬起石头砸自己的脚，中毒而死。后来，杨康的结义兄弟郭靖为杨过取名为“过”，字“改之”，就是希望他不要重蹈他父亲杨康的覆辙。但杨过幼年便父母双亡，他不知道父亲的过往，只在内心深处觉得父亲应该是个顶天立地的大英雄。

在颠沛流离的命运中，小杨过不管别人怎么说，始终坚定地认为自己的父亲是一个伟大的父亲，所以他的成长伴随着一种强烈的使命意识，也就是为证明父亲的清白而努力。因为只有这样，他作为一个儿子的孝心才能得到体现。

杨过为此受尽欺凌，尝尽艰辛，可他始终没有放弃。待他长大成人，终于成长起来，而伴随着他的成长，他终于了解到了事情的真相，那就是——他的父亲不是他心目中的英雄，而是历史的罪人。

至此，杨过的内心发生了巨大的变化，充满了痛苦与挣扎。这时的杨过有可能走向一条自暴自弃的道路。幸运的是，金庸先生给了我们一个更为理想化的结果，杨过痛定思痛，决定要穷其一生，来弥补父亲犯下的罪过。他真的做到了，不仅最终成为一个举世景仰的大侠，也终于替他的父亲赎了罪。

为什么说金庸先生的这个写法更合乎人们的理想呢？答案很简单，因为杨过是一个孝子，他内心深处对亲情的信任与包容，是最具中国特色的，是最合乎中华文化特点的。

中国是一个具有五千年文明史的东方古国，更为特别的是，中国是世界上唯一历史没有中断的文明古国。因为历史、文化和地域的原因，中国社会的人际关系具有与众不同的鲜明特点，概括起来就是人情社会。而家庭是社会的细胞，所以中国人尤其重视家庭成员之间的亲情。

所以，明代的姚舜牧在家训里说："一孝立，万善从，是为肖子，是为完人。" 意思是，孝是一切美德的源头；懂得孝顺，就可以铸就完美的人格。

毫无疑问，这是夸张的说法，因为人无完人。其家训还说有孝心、重亲情即可为肖子，即可为完人，就是因为儒家无比看重这样的人际关系，以为这是一切关系的基础与出发点。而有了这种良善的人际关系，才可以有良善的社会关系，才可以最终实现理想的大同社会。

能对父母孝，就可以“老吾老，以及人之老”。如果人人都能尊老爱幼，那么这个世界就会变得无比美好。

社会学家把人际关系分为五种，即亲缘关系、地缘关系、神缘关系、业缘关系和物缘关系。

所谓亲缘关系，就是宗族、亲戚关系，它包括血亲、姻亲等；地缘关系就是邻里、乡党等关系，即通常所说的同乡关系；神缘关系，就是因共同的宗教信仰聚合在一起的人所构成的关系；业缘关系就是同学、同行之间的关系，有着相同的利益和工作关系；物缘关系，就是因物而集合的人群，比如行业协会、研究会之类的组织。

当然，随着社会的进步，技术的发展，人们的交往范围更加广泛，形成了一种新的“泛缘关系”，比如笔友、网友、群友等关系。

在所有这些关系中，亲缘关系是基础和出发点；亲缘关系处理得好，就会在处理其他各种关系时得心应手，游刃有余。亲缘关系处理不好，则很难建立一种健康的人际关系。

沧溟先生如是说

生命与生命之间存在各种各样纷繁复杂的关系。其中，最亲、最近、最重要的一种关系，就是子女与父母之间的关系，“孝”就是理顺这种关系。如果这种最亲、最近、最重要的关系都理不好，那么其他的关系也就无从理起了。

第十讲

物质不能代替温情

养不必丰，要于孝。利虽不得博于物，要其心之厚于仁。

—— 欧阳修《母训孝》

有一则公益广告，让人看了颇为心酸。

时间应该是个周末，母亲在厨房里忙着，因为儿孙们原定要在这一天回家来吃团圆饭。

突然电话铃响了，母亲赶快从厨房里走出来接电话，拿起电话时脸上洋溢着微笑与期盼，那是一种能与家人共享天伦之乐的幸福感。

电话里传来儿子歉疚的声音：“妈，说好今天要回家看您的，可是公司今天要请客户吃饭。微波炉您用着还方便吗？还缺什么吗？”

虽然只是在接电话，但母亲的举动却就像儿子在眼前那样，边摆着手边急着说：“什么都不缺！什么都不缺！”目光里有着只有母亲才有的慈祥。

这时电话那头突然插入小孙子活泼阳光的声音：“奶奶，

我今天考完试跟同学去游乐园玩。奶奶，再见！”

奶奶听见小孙子的声音，只来得及回答了一声，电话那头便挂断了。在嘟嘟的忙音里，母亲收起笑容，慢慢放下了电话。

一会儿，母亲做好了一大桌丰盛的饭菜。就在这时，电话铃声再次响起。母亲拿起电话，只听见女儿清脆的声音：“妈，家庭影院看得怎么样啊？我去健美班，今天不回家了。”

老人缓缓地放下电话，自言自语地说：“忙！都忙！”然后又仿佛自我安慰地说：“忙点儿好啊！”

守着一大桌没有人吃的饭菜，守着一大间空荡荡的屋子，母亲看着女儿买来的家庭影院，直到夜深，直到电视节目没有了，屏幕上只剩下一片雪花……孤单的母亲披着外套蜷坐在沙发上不知不觉地睡着了。

广告最后，话外音充满了温情——别让你的父母感到孤独，常回家看看。

每次看到这则公益广告，我都感慨万千。广告里的儿子为母亲买了微波炉，女儿为母亲买了家庭影院，可能他们为母亲买的东西远不止这些，可是买来再多的东西，也无法代替儿女的陪伴。

中国的古人其实早就认识到了这个问题。

北宋有位郑氏不知其名，她的儿子却大名鼎鼎——他就是北宋政治家、文学家、唐宋八大家之一欧阳修。郑氏的家训教子语也因为欧阳修在名作《泷冈阡表》中回忆母亲而得以保存。

欧阳修四岁丧父，母亲郑氏独自把他拉扯大。郑氏教育儿子得法，她的“芦荻画字”至今为人传颂。

小时候，欧阳修与母亲艰难度日，因为家里穷，根本上不起学。郑氏读过几年书，开始是讲故事，教欧阳修做人的道理。后来看欧阳修渐渐长大，却上不起学，读不起书，认不了字，买不起纸笔，不免心中着急、难过。

一天，郑氏看到河岸边细长坚韧的荻草，不禁心中一动，于是折断芦荻在细沙上画字，用这种方法教小欧阳修认字，小欧阳修从此走上习字学文之路。

后来，欧阳修成为天下名臣，却不忘母亲的抚养、教育之恩，待母极孝，是当时闻名的孝子。可是，每次欧阳修要买好东西来孝敬母亲时，母亲郑氏却都不是很高兴。

郑氏教育欧阳修说："你坚持理想，不苟且迎合世人，将来一定会经历坎坷与磨难，只有俭约一些，才能应对将来可能要遭受的磨难啊。况且，你父亲去世后，我们一直勤俭度日，就算现在家境富裕了，也没有必要为我大手大脚。真正的孝顺，是你能做一个好人，不辜负我和你父亲对你的期望。这才是有真切的孝心。"

后来，欧阳修参加范仲淹领导的庆历新政，锐意改革，造福苍生，得罪了不少小人，触动了大地主阶级的固有利益。后来，庆历新政改革失败后，欧阳修也受到了牵连和冲击，仕途不顺，家境越来越贫寒。

这时，母亲郑氏反而笑着安慰欧阳修说："我们家本来就贫寒，母亲早已习惯了这种生活。你能安乐对待，母亲同样能安乐而幸福啊！"

因为生活窘迫，加之郑氏体弱多病，不久，她便去世了。作为儿子，欧阳修在思念母亲的同时，牢牢地记着母亲说过的那些至理名言，其中就有"养不必丰，要于孝。利虽不得博于物，要其心之厚于仁"。

奉养父母，不必物质丰厚，而在于孝顺；孝敬长辈，也不在于物资广博，而在于宅心仁厚。

这就是郑母的训子名言，后来，这句话被孝子欧阳修刻在了泷冈父母的墓碑上，至今依然警醒、教育着后人。

《陪你度过漫长岁月》这首歌里有一句歌词：“陪伴是最长情的告白。”这句话原本讲的是恋人之间的关系，但其实某种意义上更适合用来形容亲情关系。

人是感情的动物，人与人之间的交往主要体现为情感的互动与共鸣。

随着经济的发展和社会的进步，人们的物质生活越来越丰富，大多数家庭已经不存在衣食之忧，年迈的父母也不需要多少物质上的资助。他们不仅能自食其力，许多时候还能从经济上帮助子女。他们最需要的常常是一句问候，一通电话，一次见面，一个拥抱。

小时候，我们可以在父母的怀里撒娇，父母的怀抱永远是我们温暖的避风港。

长大后，外面的世界很精彩，外面的世界有时也会很无奈。但就像另一首歌曲所唱的“哪怕给妈妈刷刷筷子洗洗碗”“哪怕给爸爸捶捶后背揉揉肩”，常回家看看，这是我们对父母的爱最简单却也是最真实的回报。

沧溟先生如是说

钱能买来食物，却买不来胃口；能买来卧具，却买不来睡眠；能买来书本，却买不来文化；能买来物品，却买不来孝心。

奉养父母，孝敬老人，需要的是日常生活的点点滴滴，需要的是关心、呵护与温情。用金钱和财物来替代孝心，其实是变相逃避责任。

第十一讲

慈孝相长

为人父者，能以他人之不肖子喻己子；为人子者，能以他人之不贤父喻己父。则父慈而子愈孝，子孝而父益慈。

——袁采《袁氏世范》

孝顺是不是就是听话？

孝顺是不是父母让做什么就做什么呢？

当然不是。

有一种最可怕的“伪孝”，就是封建社会所提倡的“君君臣臣，父父子子”。在这套所谓伦理纲常里，孝顺只是一个骗人的幌子，封建卫道士们把忠、孝混为一谈，就是要培养奴才式的绝对服从者，实质上也就是一种愚忠愚孝者。

其实，真正的孝并不是很多家长们以为的“一味地听话，才是好孩子”。连孔子都说过：“事父母几谏。”也就是说，父母如果有缺点，有不足，做孩子的能够指出来，并帮助他们改正，这才是真正的孝顺。

当然，“几谏”要讲究方式、方法，要和颜悦色、柔声细语地劝说，而非一味地顶撞，更不是发生冲突。

明太祖朱元璋的儿子朱标是明代有名的孝子，可是朱元璋对这个孝顺的儿子却无比头痛。

朱元璋很疼爱朱标，准备把皇位传给他，于是立朱标为太子，并让大学者宋濂当朱标的老师。可是朱标身体不太好，一副弱不禁风的样子，与其父朱元璋的彪悍相去甚远。

朱元璋的彪悍不只体现在他一路奋斗到了大明开国皇帝，更体现在他建立政权后的举动上。像著名的胡惟庸案、蓝玉案牵连甚广，被杀的人数以万计。后来诸多开国功臣都受到牵连，连太子朱标的老师宋濂也不能幸免。

最后，当人人自危时，文弱的太子朱标站了出来，坚决抵制父亲的铁血与无情，并直面朱元璋的愤怒，批判父亲不该滥杀无辜。

从来没有人敢忤逆朱元璋，所以，当他看到自己的儿子站出来批评自己的时候也感到十分意外。他冷下脸来，让人拿来一根荆条，扔在朱标的面前，然后冷冷地说："把它给我捡起来。"

朱标看着满是刺的荆条，不明白为什么父亲让自己捡这个东西，况且，根本无从下手去捡。

朱元璋得意地看着儿子说："没法捡是吧？很简单，我把这些刺给你砍掉，你将来不就好拿了吗？没有这样的手腕，你将来怎么治国？"

原来，朱元璋的意思是说，那些功臣功高盖主，就像荆条上的刺一样，即使没什么错，也要早早除掉为好。现在我这么做，是为你好，没想到你反倒站出来批评你的父亲，批评天子。

可是朱标并不认这个理，他认为父亲再有理由，再为他好，也不免有违公平与正义，这并不是真正的治国之道。于是，他对自己威严的父亲说："有尧舜之君，才有尧舜之民！"

尧与舜是古代贤明、正直与伟大的君王的典范，正是因为他们贤明正直，才有了那个万众一心、万民臣服的时代。朱标的意思是上梁不正下梁歪，父亲你现在怀疑下梁们有问题，欲除之而后快，这说明你这个上梁也有问题，甚至你这个上梁才是问题的根本所在。

朱元璋先是愣了一下，然后回过神来，气得七窍冒烟，拎起身旁的板凳冲着朱标就砸了过去，朱标连忙退后避让。朱元璋气不过，拔出剑来要刺杀儿子。朱标转身就跑，朱元璋随后就追。

跑着跑着，突然从朱标的袖筒里掉出了一幅画卷。

朱元璋看着地上的画卷，猛然停下了脚步，愣怔片刻，竟落下泪来。后来，朱元璋原谅了儿子对他的冲撞，在朱标的多次劝谏下，他也终于放过了对那些功臣的屠戮。

原来，那幅图画的是当年朱元璋打天下时的经历。有一次战败逃难，朱元璋身受重伤，他的结发妻子，也就是朱标的母亲、大脚马皇后背着朱元璋逃出了战场。马皇后对朱元璋感情深笃，又去世得早，朱元璋常常思念她。

此刻朱元璋盛怒之下，突然见到这幅画，不禁动了慈父之心，对儿子的怒意也随即消失了。

这就是朱标的聪明之处。

他了解父亲的性格，也知道皇权的威势，但他依然要劝谏，阻止父亲在错误的路上一直走下去。所以他既做好了直面劝谏、晓之以理的准备，又做好了旁敲侧击、动之以情的准备。果然，既化解了危局，又保全了自己。

所以，虽然朱标因身体原因去世得早，以至没有来得及登基继承皇位，可明朝后代子孙还是尊称他为孝康皇帝。朱标获“孝康”的尊称，说明在后人的眼中，他是有大孝、懂孝道的人。如果一味盲从，如果唯命是从，如果看着自己的父亲在错误的路上越走越远，影响其身后声誉，这样的朱标又怎能被称为“孝康”呢?

我们前面所引的袁采《袁氏世范》里的那段话说的是，为人父者，可以拿别人不肖子孙的例子作为反面教材来教育自己的孩子；为人子者，可以拿别人不贤父母的例子作为反面教材来规劝自己的父母。如此，就会出现父慈子愈孝，子孝父愈慈的局面。

这当然是一种理想状态，是我们为人父、为人子者努力的方向。但是在现实生活中，人们往往会面临一些艰难的抉择。在五四新文化运动时期，一些觉醒的知识分子一方面接受了新思想，一方面又要守孝道，结果在许多人生大事的选择上往往就陷入了左右为难的尴尬境地——尤其是在婚姻问题上，因不敢违抗父母之命而导致婚姻不幸，发生人生悲剧的，并不少见。

连一些历史上有名的人也不能完全做到“事父母几谏”，

可见，要做到不盲从地孝，还真不简单！借用袁采家训名言的视角，这些名人的人生遭际，恰可以成为我们为人处事的教材。

沧溟先生如是说

作为家长，总是希望孩子事事听话，其实这是一种错误认识。

人无完人，父母也并非总是正确的。孩子有错误的时候，父母总是希望能帮助其改正；同样，父母有不足之处，作为孩子，也应该帮助父母进步与提高。

人生是一个永无止息的成长过程，能在自己成长的同时帮助父母成长，这才是孝的大智慧。

第十二讲

摒弃伪忠、伪善与伪孝

人之孝行，根于诚笃……以声音笑貌缪为恭敬者，其不为天地鬼神所诛则幸矣，况望其世世笃孝而门户昌隆者乎！

——袁采《袁氏世范》

古代孝文化中，有一种最为封建的糟粕，就是伪忠、伪善与伪孝。

儒家提倡孝道与孝顺本来是件好事，可是有的人并没有真正的孝心，却因为怕被人指责，便想通过孝的表演获取好名声，这种带着功利性目的展示给别人看的所谓的孝，就是一种伪孝。而与之相关的所谓忠与善，也就同样是“伪忠”与“伪善”。

对于这种伪孝者的可怜、可悲及可笑之处，鲁迅先生曾在名作《朝花夕拾》里给予过辛辣的讽刺与批判。他举出的两个例子就是古代著名的二十四孝故事中的“老莱娱亲”与“郭巨埋儿”。

老莱子据说是春秋时期楚国人，他七十多岁的时候父母都还健在，并与他在一起生活。

说起来，人生七十古来稀，老莱子也算是长寿之人，所以才会被称为“老”。可是在父母面前，这位已经被人尊称为“老”的老莱子却表现得像婴儿一样。

有一次，父母看着老莱子已经花白的头发，叹气道：“连儿子都这么老了，我们在世的日子恐怕也不久了吧！”

老莱子听到后怕父母担忧，就想通过某种方式来尽自己的孝心，减轻父母的焦虑。这个出发点本来也无可厚非，只是他想到的方式与采取的行动未免极端，以至千百年来被人评说不断，争议不休。

老莱子心想，父母看到连自己也已经老到这般地步才生出伤感的念头，如果自己扮成婴儿，他们会不会就觉得时光倒流，不再忧虑自己在世时日不多呢？于是，他专门做了一套五彩斑斓的婴儿装，常常穿在身上。不仅如此，在父母面前，穿着婴儿装的老莱子还会学着小孩子的样子走路、跳舞、说话，只为博父母一笑。

有一次，他为父母取水喝，不小心摔了一跤，甚至有些书上也讲他是“诈摔”，也就是故意有心地摔了一跤。摔倒后，他立即学着婴儿啼哭的样子大声哭起来，甚至边哭还边像婴儿一样在地上打滚儿撒娇。

父母看他这样子忍不住笑了，说："莱子，你真好玩啊！"

为了不让父母担心，为了博父母一笑，老莱子匪夷所思地以七十高龄着婴儿装、仿婴儿哭、学婴儿样，这到底算不算真正的孝顺呢？

鲁迅先生说，即使在他小的时候，读到老莱娱亲的故事，也不免大吃一惊，总觉得离奇。鲁迅先生说："如果这是孝顺的话，反正我是做不来的。"

为什么做不来呢？

鲁迅先生的答案是——因为这是让人想起来浑身都直起鸡皮疙瘩的事！

其实，鲁迅先生的评价可用一个词概括——假！

东晋史学家干宝在《搜神记》这本记录古代神奇怪异故事的小说集里讲了一个故事。

东汉时有个叫郭巨的孝子，因为兄弟分家，家境败落，生活艰难。为了奉养母亲，他竟然想出了一个所谓为孝埋子的主意。

后来，天帝得知郭巨为了奉养母亲竟不得已要埋掉自己的儿子，就放了一罐金子在土里，以褒奖他的孝心。郭巨挖到金子后喜出望外，这一下就有足够的钱奉养母亲了。

对于这个故事，鲁迅先生在《朝花夕拾》里说："我最初实在替孩子捏一把汗，待到掘出黄金一釜，这才觉得轻松。然而我已经不但自己不敢再想做孝子，并且怕我父亲去做孝子了。"

其实，鲁迅先生的评价可概括为一个词——狠！

如果说，老莱子的假已经有违常理，那么郭巨的狠就更是有违人性。

连亲生儿子都要活埋，这种对生命的漠视，实在让人心寒。这种连对生命最基本的尊重都没有的人去行孝，那种孝，也不过是做给世人看的表演罢了。就算他们自己能说服自己，也不过只是自欺欺人。

本文所引的袁采在《袁氏世范》中所说的话，其实是要告诉我们，孝是对生命的尊重与感恩。人们行孝关键在于诚心诚意。那种大声张扬、矫揉造作的所谓孝行，着实不值得提倡。

周国平曾经撰文说："讲人文精神，讲尊重人的价值，第一条就应该是尊重生命的价值。为什么呢？因为生命是最基本的价值，是人生其他一切价值的前提和基础。对于每一个人来说，生命是最珍贵的，没有了生命什么都谈不上。这个道理是不言而喻的。一个最简单的道理是，每个人只有一条命，在无限的时空中，在宇宙的永恒运动中，每个人只有一次机会活到这个世界上来。”他还说：“生命不但是珍贵的，而且是神圣的，因为生命的来源是神秘的。”“不但要尊重自己的生命，更要尊重他人的生命。”

中国儒家讲孝道是有生命高度的，而人的生命既是宇宙演化的结果，也是宇宙演化的一个环节。《孝经》中说：“身体发肤，受之父母，不敢毁伤。”这句话的意思是，浩渺宇宙的生命链条，从父母那里传到你。你应该敬畏生命，不能随意毁伤。连自己的生命你都无权随意处置，更何况是借行孝的名义来随意处置他人的生命呢？

孝是天经地义的人类本性。但孝的真谛应是“报本思源、尊重生命、图谋发展”。报本思源，是说不忘自己的来处，时时记得要有所回报；不忘生命的本源，始终怀有感恩之心。尊重生命很好理解，就是要懂得生命来之不易，不能轻视生命，要保护自己和他人的生命安全，尊重每个人的生存权。图谋发展，就是面向人类的共同未来，谋划发展远景，为明天积蓄力量。这三个方面环环相扣，是一个整体，要避免随意误解，更不能故意曲解。具体落实到生活实践中，如果所谓的孝行是要以牺牲子孙后代的生命为代价，就显然背离了孝的初衷，是万万不可取的。

沧溟先生如是说

伪孝，不是孝，却是一种伪善。

孝顺，要发自于本心，饱含诚心。如果把孝顺当成一种表演，一种秀，甚至是一种邀名的手段和吸引眼球的方法，那这种孝就是虚伪的，带有欺骗性质的行为。既自欺，又欺人。

第十三讲

个人的小事与天下的大事

夫孝敬仁义，百行之首，行之而立，身之本也。孝敬则宗族安之，仁义则乡党重之。

——王昶《家诫》

三国时期的王昶在《家诫》里说，孝敬能安宗族。其实，中国古代社会是宗法社会，是一套“家天下”的模式。孝敬既然能安宗族，也就能安天下。

在中国古人看来，孝顺不是一人、一家、一户的事情，而是有关国家发展、社会安定的重大事情。所以儒家提倡“以孝治天下”。历史上第一个充分实践了这一主张的帝王就是汉文帝刘恒。

说起来，刘恒虽然生在帝王家，却也命运坎坷。

刘恒是汉高祖刘邦的第四个儿子，但并非刘邦正妻吕后所生。刘邦共有八个儿子，刘恒是其中最不引人注目的一个，这与他的母亲有关。

刘恒的母亲姓薄，史书上称其为薄姬。刘邦打败魏豹之后，将薄姬纳入后宫。

一次偶然的机会，刘邦临幸了薄姬，薄姬竟然因此怀有身孕，最终生下了刘恒。可不论是刘邦还是吕后，对出身卑微的薄姬都十分轻视。在刘邦活着的时候，薄姬在后宫始终是地位很低的“姬”，甚至无法上升到“夫人”，更不要指望当“皇后”了。

因为母亲的地位低微，刘恒也不受刘邦的重视，所以他从小养成了小心谨慎的性格，从不惹是生非。但刘恒对母亲却很是孝顺，因为没人重视他，这反倒给了他充足的空间与自由，让他与母亲相依相守，互相照顾，一起度过一天又一天平静的日子。

刘邦死后，吕后擅权，朝堂不安。吕后一死，大将周勃与丞相陈平果断出手，镇压吕后党羽，然后他们共同商议，最终决定迎立仁孝宽厚的代王刘恒来继承帝位，也就是历史上的汉文帝。

刘恒本无心于皇位，所以登基之后也惶惶不安。

果然，朝廷内周勃功高震主，朝廷外不时有诸王叛乱，刘恒面对动荡时局，皇位危如累卵。

不过，聪明的刘恒因为少年时饱尝磨难，毕竟不是纨绔子弟。他一方面迅速削弱了周勃等人的实权，将兵权与政权牢牢掌握在自己手中，同时又重封厚赏，安抚朝廷原有的旧臣，笼络了人心。然后出兵平叛，陆续消灭了各地的反叛势力，消除了威胁政权稳定的隐患。

即便如此，天下依然人心不稳，若不能彻底改变社会精神面貌，危机算不上真正消除。

这就要提到刘恒的另一高明之举，这就是他推行的“以孝治天下”。

刘恒登基，他的母亲薄姬便成了薄太后。虽然贵为皇帝的母亲，但薄太后依然不改出身贫寒的本色，廉洁自律，勤俭自持，为天下人做出了很好的榜样。

后来，薄太后得了重病，卧床不起，且一病就是三年。

这可急坏了刘恒。虽然贵为皇帝，但刘恒这时完全忘记了皇帝的身份，表现出的就是一个儿子对母亲的赤诚之心。

整整三年时间，刘恒亲自守在母亲的床前，每日嘘寒问暖，悉心照料。御医为母亲开的每一味药，他都要亲自过问。不仅如此，他还要亲自为母亲煎药。每次药煎好，他总是要亲口尝一尝，试一试，看看药汤烫不烫，苦不苦。自己觉得差不多了，才放心地给母亲喝。

三年后，薄太后终于痊愈。刘恒的孝心也感动了天下，人们开始纷纷传颂皇帝的孝行，认为有这样的君王，国家才有希望。由于万民臣服，刘恒的各种主张与政令推行起来畅行无阻，再无半点困难。

所谓上行下效，身为最高统治者的刘恒孝闻天下，使全社会的道德教育推行起来再无阻碍，整个社会的精神面貌也表现出昂扬、积极的一面。从此，大汉王朝才真正消除了内忧外患，整个社会的发展进入了良性循环。

正是在刘恒的带领下，西汉进入了一个稳定的盛世。刘恒后来被尊称为汉文帝，而他的儿子汉景帝也继续推行以孝治国、以德治国的方略。他们所开创的这个中国历史上的兴盛时期被称为“文景之治”。

《汉书·景帝纪》中有记载：

汉兴，扫除繁苛，与民休息。至于孝文，加之以恭俭，孝景遵业，五六十载之间，至于移风易俗，黎民醇厚，周云成康，汉言文景，美矣！

史书上还说，汉文帝不仅十分孝顺母亲，他的日常生活也很节俭，宫室内衣服不常增添，帷帐不施文绣，车仗等也绝不奢华，还曾下诏禁止郡国进贡奇珍异宝。因此，国家的开支有所节制，贵族官僚不敢奢侈无度，这在一定程度上减轻了人民的负担，使社会比较安定，国家也变得一天天地富裕起来。每年春耕时，文帝与景帝还亲自下地耕作，给百姓做榜样。就这样，到景帝后期时，国家的粮仓充实了，府库里的大量铜钱多年不用，以至于穿钱的绳子都烂掉了，铜钱掉落在府库各处。

随着生产日渐得到恢复并且迅速发展，人民的生活水平得到了很大的提升，汉朝的物质基础亦大大增强，出现了多年未有的稳定富裕的景象。

“文景之治”不仅是中国历史上经济文化飞速发展的一个伟大时代，同时也为后来汉武帝征伐匈奴奠定了坚实的物质基础，是一段养精蓄锐的时期。正是在“文景之治”的基础上，中国在汉武帝时代成就了第一次大国崛起，中华文明在迈入帝国时代之后迎来了第一个盛世。

沧溟先生如是说

孝顺，不是一人、一家、一户的小事情，而是有关社会精神面貌、有关国家发展的大事情。

如果人人有孝心，则家家有幸福；如果家家有幸福，则社会有和谐；如果社会有和谐，则国家有未来、有希望。所以，孝是一种道，是关乎个人、家庭、社会、国家的大道。

第十四讲

家和万事兴

肥家之道，上逊下顺。不和不可以接物，不严不可以驭下。

—— 曾国藩《曾国藩家书》

在人类的意识深处，家永远是温暖的代名词，是休憩身心、调整自己的港湾。

因此，无论何时何地，人们都对家充满了留恋和向往，尤其是那些在名利场上拼杀得遍体鳞伤的人们，那些在茫茫旅途中四处寻觅的游子。对于一个人而言，家不仅是生命之旅的始发地，更是生命旅程中休憩的港湾，甚至是最终要抵达的目的地。在人们的心里，茫茫宇宙中只有这里才没有虚伪、欺骗与背叛。

罗斯金曾这样表述过他对家的概括：“这就是家的真正性质——它是和平的地方，是避难所，不但使人免遭一切伤害，还可使人免遭一切恐怖、怀疑和分裂。”

“一家仁，一国兴仁；一家让，一国兴让。”家庭是社会的基本细胞，既是最核心、最重要的社会组织，也是最基本、最核心、最重要的经济组织，还是人们最基本、最核心、最重要的精神家园。

中国人喜欢说“家和万事兴”，是说家庭和美的话，做任何事都会成功。请注意，这个“万事”包括了家庭生活，以及家庭生活之外的其他事情。

为什么“家和”的作用这么大呢?

被称为“中国近代史上最后一代大儒”的曾国藩，一生对“家和万事兴”这句话笃信不疑。他在家训中有关 “和以治家”的论述很多，比如 “家和福自生”，比如 “和可消人怨，忍足退灾星”，比如 “肥家之道，上逊下顺。不和不可以接物，不严不可以驭下” ，等等，都是浅白通俗的名言。而他更是曾经用一个生动的家庭事例验证了“家和”的重要作用。

曾国藩的大女儿名叫曾纪静，曾国藩后来为她择婚，把女儿嫁给了袁家公子袁榆生。袁榆生的父亲曾经做过松江知府，家中有很多藏书。曾国藩是个爱读书的人，常到袁家去借书。因两家门当户对，曾国藩看袁家又是书香门第，就替女儿选了这门婚事。

可是曾国藩也有看走眼的时候，为此曾国藩经常自嘲地说，连女婿都没能看得准，还谈什么识人之明呢?

原来，袁榆生虽然生在书香门第，但作为一个标准的官二代，从小就备受父母溺爱，以致养成了游手好闲、不务正业的恶习。

袁榆生行为不端、不求上进，曾纪静嫁到袁家并不幸福，可是更大的不幸却接踵而来。就在曾纪静嫁过去没多久，袁榆生的父母就双双病故。失去了父母的供养，袁榆生自己又手无缚鸡之力，夫妻二人竟连基本的生活也难以维持了。

曾国藩看到女儿、女婿过得艰难，虽然自己在外带兵打仗，却还是让人把女儿、女婿接回了曾家在湖南的老家。

到了曾家，袁榆生一开始还比较收敛。但江山易改，本性难移，没过多久，他的很多恶习就暴露了出来。曾纪静婚姻中的不幸福，也再难瞒得过家里的兄弟姐妹与其他的亲戚。

曾家上上下下，都越来越讨厌袁榆生这个品行不端的上门女婿。

曾国藩并不在湖南老家，但他对家里的情况却一清二楚。他多次专门写信回家，交代在家中主事的儿子曾纪泽，不论袁榆生的表现怎样，家中上上下下绝不允许对袁榆生不礼不敬，甚至也不允许流露出不礼敬的神情。

对此，家里很多人都想不开。曾家家风谨严，家中子弟都勤劳善良、耕读孝友、努力上进，这在当时是非常有名的。现在来了个上门女婿，不仅有诸多恶习，品格上的瑕疵也人人可见。这样的人在曾家简直就是异类，曾家供养着他，难道连一点儿不满也不能表达吗？

曾国藩写信解释说，这不是袁榆生一个人的问题，而是整个家庭氛围的问题。

他说，一个人品格与行为习惯的养成其实跟他生活的环境息息相关。

曾国藩又语重心长地说，袁榆生虽然有很多缺点、很多恶习，但要想他变好，希望他改掉那些毛病，就必须给他提供一个良好的生活环境。如果周围的人都鄙视他，他很可能会自暴自弃，又怎么可能勇敢面对自我，努力向善呢？

原来选择袁榆生做女婿，曾国藩也是看中他家是书香门第、官宦世家。但现在看来，他家的家庭教育环境并不理想，才造就了如今的袁榆生。如果还不能置身一个良好的家庭环境中，他的恶习便永远难改。

曾国藩再从袁榆生引申开来说，不只是袁榆生的成长与改变需要一个良好的、和谐的家庭生活环境，家中的每一个成员的成长与发展都需要这样一个环境。如果家庭成员之间充满了个人偏见、鄙视、仇恨，乃至尔虞我诈，那么，在这样的家庭氛围下，谁的心态能健康，谁的生活能幸福呢？

曾国藩从每一个家庭成员的成长谈到整个家庭氛围的构建时认为，只有整个家庭充满和善、理解、关爱、上进的氛围，家庭中的每一个成员的人生才是幸福的、有希望的。

甚至，曾国藩还对他的儿子曾纪泽说，不仅一个家庭是这样，一个团队，一个组织，一种事业，都需要这种氛围。在这种氛围下，每个人才会努力，共同的事业才会成功。所以曾国藩在家训里说道“肥家之道，上逊下顺”，这句话只是在谈家庭氛围的营造，而“不和不可以接物，不严不可以驭下”说的已经不仅是家庭生活，它同样适用于团队、组织与集体的生活。

这就是“家和万事兴”的道理。家庭和睦不仅为我们提供一种良好的生活环境与理想的生活氛围，还会产生一种合力，一种动力，使得我们的人生、我们的事业，在不知不觉中，进入良性循环的轨道。

沧溟先生如是说

我们每个人都离不开家庭的生活环境，家庭氛围无时无刻不影响着我们的心理、心态和成长。不论是孩子还是大人，都会受这种氛围的深刻影响。

和善、上进、成员相互理解和关爱的家庭氛围的营造，对于每一个家庭成员来说，都极其重要。

第十五讲

身教与言传

夫风化者，自上而行于下者也，自先而施于后者也。是以父不慈则子不孝，兄不友则弟不恭，夫不义则妇不顺矣。

——颜之推《颜氏家训》

子发是战国时期楚国的一位大将军。

一次，他带兵与秦国作战，前线断了粮草，他派人向楚王告急，同时拜托使者顺道去看望自己年迈的母亲。

老人见到使者后问道：“士兵们都吃得好吗？”使者回答：“还有点儿豆子，一粒一粒分着吃。”

“那么将军如何呢？”

使者回答道：“将军每餐都能吃到肉和米饭，身体很好。”

后来子发得胜归来，衣锦还乡，走到家门口的时候，却见大门紧闭，母亲不准他进家门。

子发一时愣在一旁，不知所措。

母亲待在后堂，闭门不见。她让人告诉子发说：“越王勾践伐吴的时候，有人献给他一罐酒。越王让人把酒倒在江的上游，叫士兵们一起饮下游的水。虽然大家没尝到酒味，却鼓舞了全军的士气，提高了战斗力。后来又有人献了一袋干粮，越王勾践同样把它和士兵们共享。虽然大家并没有吃饱肚子，人心却受到鼓舞，战斗力提高了十倍。可是你却只顾自己不顾士兵，让士兵饿着肚子打仗，自己却有吃有喝。你这样做将军，打了胜仗也不是你的功劳。你这样做就不是我的儿子，不要进我的家门。”

子发听了母亲的批评，恍然大悟。他诚恳地向母亲认错，表示会痛改前非。

在子女成长的过程中，长辈其实负有极大的责任。若要孩子成才，做父母的就需要为孩子立下人生的法则。

在中国教育史上对子女教育最面面俱到的，要数生活在南北朝时期的颜之推。

颜之推一生三次经历亡国之祸，饱尝离乱的痛苦，满怀不安的思虑。正是由于“生于乱世，长于戎马”这种堪称特殊的阅历，促使他不断地深思人生与社会，尤其是下一代如何在这个动荡局面中安身立命。

颜之推从小受严正家风的熏陶，“每天跟随两位兄长，早晚孝顺侍奉父母，冬暖被夏扇凉，言谈谨慎，举止恭敬，小心翼翼，就像是拜见君王一样”。父母则经常劝勉鼓励，询问子女的兴趣爱好，及时加以引导。

颜之推九岁那年，父亲去世，家道开始衰落，他的哥哥承担起抚养弟弟的重任。颜之推说自己虽然也喜欢读书，并对写文章稍有爱好，但是在与人交往的过程中仍然受到了一些不良影响。

直到十八九岁，他才渐渐明白要磨砺自己的操行。“然而因习惯已成自然，所以很难在短时间内改正。”二十岁以后，他才很少再犯大的过错。颜之推每天睡觉前都要反省自己白天做的错事，反思自己昨天犯下的过失。

他常常感叹自己当时没有受到良好的教育，才导致了这样的结果。为此，他历经多年，给子女精心写下了二十篇凝聚了一生学养、经历与智慧的文字，这便是中国文化史上的重要名著，也是中国家教的典范——《颜氏家训》。从某种程度来说，它不仅堪称我国历史上影响力最大的家训，也可看作中国教育史的一个缩影。

关于这本家训的写作意图，颜之推做了详细的交代。

他说：“吾今所以复为此者，非敢轨物范世也，业已整齐门内，提撕子孙。”在颜之推看来，古代圣贤的书籍，教育人们要忠诚孝顺，言行要谨慎检点，要胸怀天下苍生……所有这些做人的道理，都已讲得很全面很详细了。魏晋以来的一些诸子书籍，相互模仿，内容相近且道理重复，就好比叠床架屋，累赘而无用。现在，他之所以要重写这种书，不是要凑这个热闹，而是实在希望整顿家风，提醒和教育子孙后代。

因此，他分别从教子、治家、风操、慕贤、勉学、文章、养心、音辞等二十个方面，极为详尽地加以论述。《颜氏家训》也被视为垂训子孙以及家庭教育的典范。

在讲到家庭教育的必要性时，颜之推认为，聪明绝顶的人不教也能成器，愚蠢至极的人再培养也徒劳无功，智力中等者，不教育则不知其有何发展。

颜之推还特别强调了早教之法，这不能不说是非常有前瞻性的。他说，古代圣王有胎教之法：王后怀孕三个月，就让她住在别宫里，眼不观不堪入目的景物，耳不听杂乱无章的声响，所听音乐和所嗜口味，均需用“礼”加以节制。先王将此法写在玉版上，藏在金柜中，意在传给后世。

孩子出生后，从刚刚会笑时开始，就由太师和太保反复向其阐述孝、仁、礼义的道理，并引导他练习。平民百姓即便不能这样做，也要在幼儿能看人脸色、知道旁人喜怒好恶时，开始教育他，做到大人允许他做才做，不允许他做即立刻罢手。这样等他长到数岁时，便可免遭鞭打体罚了。

除了对孩子严加要求管教外，在颜之推看来，家长要做子女的楷模，要在日常生活中、在细小的生活礼仪中树立“士大夫风操”。这样就可以使父母要求严格而不失慈爱，子女敬畏而又懂孝道。

他尤其反对对孩子只知溺爱不加管教的家庭，子女的吃饭睡觉等日常行为，随其所欲，应该训诫的反而褒奖，理当严肃庄重的反而嬉皮笑脸。到了孩子有了些知识时，便以为理应如此，骄横放肆成了习惯，再想纠正难上加难；只能使其一天天产生愤怒而增加对父母的怨恨。待其长大成人，必将沦为道德败坏之徒。

孔子说：“少成若天性，习惯如自然。”也是这个道理。

颜之推说，一般人不会教育子女，当然不是故意要让他们陷入罪恶的深渊，只是难于呵斥责骂，不忍心打伤孩子的皮肉而已。其实，譬如孩子生了重病，哪有不及时灌药打针救他一命的道理？再想想那些勤于督导训斥的父母，他们可愿苛责、虐待自己的亲骨肉？还不是出于为人父母的责任？

这些都可谓真知灼见，在今天看来仍然振聋发聩。

沧溟先生如是说

孟子说：“天下之本在国，国之本在家。”家庭是构成社会的重要部分，家庭氛围和家庭教育的好坏，关系着社会文明的程度。

在《颜氏家训》的影响下，从普通人到帝王之家多有自定的家训，这已成为中国传统文化的一大特色。如果每个家庭都按照道德的要求和谐相处，治国、平天下就有了坚实的基础。

第十六讲

修面更要修心

心犹首面也，是以甚致饰焉。面一旦不修饰，则尘垢秽之；心一朝不思善，则邪恶入之。

——蔡邕《女训》

说起蔡邕，或许有人不知道，但提到他的女儿蔡文姬，恐怕无人不晓。

蔡邕是东汉的文学家、书法家，通晓经史、天文、音律，擅长辞赋。蔡文姬则是中国历史上著名的才女，博学多才，自小音乐天赋过人，既博学能文，又善诗赋，兼精天文数理。

据记载，她九岁时，听到蔡邕在大厅里弹琴。父亲弹得如痴如醉，因用力过猛，第二根琴弦断了。

刚好经过的蔡文姬说："父亲，你的第二根弦断了。"

蔡邕大吃一惊，又故意弄断一根弦，问她，"现在呢？"

蔡文姬说："第四根弦断了。"

果然判断无误。

后来，中原大乱，诸侯割据。蔡文姬流落匈奴，在匈奴生活了十二年。之后，她被曹操派人接回，将蔡邕家中被战火毁掉的四百多篇古籍默写出来，流传后世。

蔡邕一生著作颇丰，其中《女训》是对女儿的谆谆教导，对女儿的成长给予了多方面的教育。

蔡邕将女儿的修面与修心参照对比，通过日常生活的具体细节，形象生动地阐述了应使心灵具备“洁”“和”“鲜”“顺”“理”“正”“整”等品性，诠释了修心的重要性。

在文章中，他这样写道：

> 心犹首面也，是以甚致饰焉。面一旦不修饰，则尘垢秽之；心一朝不思善，则邪恶入之。咸知饰其面，不修其心，惑矣。夫面之不饰，愚者谓之丑；心之不修，贤者谓之恶。愚者谓之丑犹可，贤者谓之恶，将何容焉？故览照拭面，则思其心之洁也，傅脂则思其心之和也，加粉则思其心之鲜也，泽发则思其心之顺也，用栉则思其心之理也，立髻则思其心之正也，摄鬓则思其心之整也。

蔡邕这段话的意思是，一个人的心灵就像他的脸面一样，因此很值得修饰一番。脸面一天不修饰，就会被灰尘污垢弄脏；心灵一天不想善事，邪恶就会乘虚而入。人人都知道要修饰脸面，却不知道要修饰心灵，真是令人不解！脸面不修饰，愚昧的人会说丑陋；心灵不修饰，贤明的人会说可恶。被愚昧的人说相貌丑陋没有什么关系，但被贤明的人说可恶，还将怎么容身呢？所以照镜子擦拭脸面的时候，就要想一想心灵的洁净；涂抹脂粉的时候，就要想一想心灵的和谐；添加脂粉的时候，就要想一想心灵的鲜明；润泽头发的时候，就要想一想心灵的滋润；梳理头发的时候，就要想一想心灵的条理；端正发髻的时候就要想一想心术的端正；修整鬓发的时候，就要想一想心灵的修整。

古人认为心是思维器官，与大脑的功能一致。蔡邕在这里用修面、泽发、立髻、摄鬓类比修心，是教育女儿要有一颗纯洁善良的心和正直诚信的品格。

因为有了纯洁善良的心，才能做到仁者爱人，一心一意为群众办事；有了正直诚信的人格，才能做到廉洁自律，诚信待人，也只有这样才能营造出人与人、人与社会、人与自然的和谐关系，结出和谐的硕果。

爱美是人的天性，但需要正确的引导。做父母的要时刻注意家庭美育教育，陶冶孩子的情操，让孩子懂得心灵美才是真的美。对孩子应时刻强调净化心灵、注重美德的重要性。世间每个人都要有一颗纯洁善良的心灵和正直诚实的人格，这样才能立信于人。

诸葛亮是东汉末年、三国时期家喻户晓的治世能臣，后人对他忠诚的品格赞誉有加。诸葛亮功勋卓著，但他从不居高自傲，而是常鼓励臣下“勤攻吾之缺”。街亭失守，本是部下马谡指挥失当，诸葛亮却很自责，上疏后主请求“自贬三等”，体现出严于律己的可贵精神。他贵为丞相，却淡泊泰然，清廉守正。

诸葛亮不仅对自己要求严格，对儿子也寄予厚望。

为教育儿子诸葛瞻，诸葛亮在他五十四岁的时候特意为八岁的儿子诸葛瞻写了一篇《诫子书》。他在文中写道：

夫君子之行，静以修身，俭以养德。非淡泊无以明志，非宁静无以致远。夫学欲静也，才须学也，非学无以广才，非志无以成学。淫慢则不能励精，险躁则不能治性。年与时驰，意与日去，遂成枯落，多不接世，悲守穷庐，将复何及！

诸葛亮用这篇《诫子书》告诫儿子：道德高尚的人，都是这样进行修养锻炼的，他们时常静思反省，以求使自己尽善尽美；他们注意保持生活俭朴，以此来培养自己高尚的品德和良好的情操。诸葛亮教育儿子，要“淡泊”自守，“宁静”自处，鼓励儿子勤学励志，从淡泊和宁静的自身修养上下狠功夫。他说，不安定清静就不能为实现远大理想而长期刻苦学习，要学得真知必须使身心在宁静中研究探讨，人们的才能是在不断地学习中积累起来的；不下苦功学习就不能增长与发挥自己的才干；没有坚定不移的意志就不能使学业成功。

在《诫子书》后半部分，诸葛亮教育儿子切忌心浮气躁，举止荒唐。他以慈父的口吻谆谆教导儿子：少壮不努力，老大徒伤悲。这话听起来不过是老生常谈，但它字字是心中真话，是一位慈父人生的总结，因而格外令人珍惜。

如此良好的家庭教育，对诸葛瞻思想和品德的形成起到了重要的作用。后来，蜀军与汉魏的最后一战——绵竹之战爆发，诸葛瞻坚守阵地、积极备战，将邓忠、师纂击退。然而最终因战术失误，战死沙场。

沧溟先生如是说

每个来到人间的孩子都是天使。

在中国古代，父母其实对于子女的教育都很重视。做父母的希望自己的子女都能够成才，拥有美好的人生。像《女训》与《诫子书》等，都是从不同的侧面对孩子提出期望，规范孩子的行动。

第十七讲

家庭关系的宽容之道

自古人伦，贤否相杂……惟当宽怀处之。能知此理，则胸中泰然矣。

—— 袁采《袁氏世范》

中国人的家庭生活，说起来简单，其实十分复杂。这有两个方面的原因。

一个是关系复杂。中国人讲究家国天下，家族文化与宗族文化向来是全社会的文化主体。古代中国讲究亲族关系，这使得每个中国人身后都有庞大的亲戚网络。

一个是情绪复杂。本来家人相处，血浓于水，亲情最容易成为人的情感归宿。可是因为儒家把家庭关系提升到了社会关系最重要之基石的地位，所以在家如在社会，各种利益关系在家庭与宗族中就变得复杂了。

简单地说，中国人大多有一种习惯，在外对待同事、朋友乃至陌生人时，都能温文尔雅；可在内对待家人时，却往往不考虑别人的感受，容易以自我为中心。家庭成员之间的这种处事态度，很容易带来家庭悲剧。如大家耳熟能详的《孔雀东南飞》中讲述的故事，不仅是一出爱情悲剧，更是一桩家庭冤案。

《孔雀东南飞》是汉乐府中的经典故事。对这个故事有各种不同的解读，一般认为它揭露了封建家长制对青年男女的残酷压迫，反映了封建社会对人性的桎梏。我觉得对这个故事还可以做另一种解读，那就是它对于如何正确处理家庭关系具有一定的警示意义。

《孔雀东南飞》的故事是说，有一对青年夫妇，男的叫焦仲卿，女的叫刘兰芝，他们结婚后相亲相爱，可是焦母却并不喜欢这个儿媳，硬逼儿子休掉了儿媳。

刘兰芝回到娘家后又受到兄长的逼迫，另嫁太守的儿子。成婚的当晚，坚贞不屈的刘兰芝投水自尽，而焦仲卿听到噩耗后，也上吊而死。

两个人对爱情的坚贞感动了双方的父母，他们把这两个被分开的有情人合葬——奇迹发生了，他们的坟墓竟然吸引来一种双宿双飞、形影不离的鸳鸯鸟，夜夜啼鸣。

可是细读这首诗，我们会发现，历来被人批判的封建家长制的代表焦母，也有值得同情的地方。

焦家原是世家大族，由于人丁不太兴旺，传到焦仲卿这一代已经是数代单传，可是焦仲卿与刘兰芝成婚已经数年，依旧没有生下一儿半女。在焦母的时代，她不可能不为这事着急。于是，她总张罗着要替焦仲卿另娶东家贤女，说东家贤女比起刘兰芝来“可怜体无比”，也就是体态好看得多。其实，由作品中的描述，我们可以判断刘兰芝不仅容貌美，体态也不差；焦母这么说，实际上是嫌弃刘兰芝没有生育罢了。

焦母不喜欢儿媳，除了刘兰芝没有生育之外，恐怕还有一个重要原因，就是这个儿媳的才华与孤傲。

诗里开篇介绍，刘兰芝“十三能织素，十四学裁衣，十五弹箜篌，十六诵诗书”，可谓才华横溢。不仅如此，就算是织布，刘兰芝也能“三日断五匹”。

如此出色的刘兰芝自然惹人瞩目，她刚从焦家回到娘家就有人来提亲。先是县令的公子来求婚，后来太守的公子也来求婚，官宦世家趋之若鹜，丝毫不在乎刘兰芝刚刚被夫家遣回。这在古代绝对少有，也从侧面说明刘兰芝实在是一个优秀的女子。

刘兰芝不是不会温柔，不是不会与人沟通。她面对小姑子的时候，泪水涟涟，与她说自己的心里话：“新妇初来时，小姑始扶床。今日被驱遣，小姑如我长。”这完全是动情的话，是感人肺腑的话。但是面对焦母的时候，她却没能处理好彼此的关系，变成了冰美人。

刘兰芝在焦母面前，始终保有一种距离感。面对焦母的挑剔时，她骄傲地保持了自尊。被赶回娘家，离开焦家之前，刘兰芝找出自己最美丽的衣装，把自己最美的一面展现在焦母面前。她对焦母说，自己“本自无教训，兼愧贵家子。受母钱帛多，不堪母驱使”。这分明是反话，是气话，表面上是一种自责，实则仍是表达了一种不甘和不满。

焦仲卿同样不善于处理家庭中的矛盾，他在外面工作，偶尔回家，先是见了妻子，听妻子抱怨他母亲如何不公，然后立刻到母亲的房间替妻子鸣不平。焦母见儿子好不容易回家一趟，先一头扎进儿媳的屋里，然后就是来传达儿媳的“不满”，自然勃然大怒，不仅敲着床梆子大骂儿子，而且坚决要儿子休掉儿媳。焦仲卿再回到妻子那里，把母亲的命令原封不动地告知刘兰芝，于是一曲家庭悲剧就此上演，亲人之间的路就此走到了尽头。

应该说，焦仲卿不是一个聪明的儿子，也不是一个聪明的丈夫。在生命中最重要的两个女人中间，他本应当充当沟通桥梁的角色，可他却充当了传声筒与打火机的角色，让母亲与妻子间的战争愈演愈烈。

而焦母和刘兰芝都只看到了对方的不是，却完全不能理解对方的希望与苦衷。一家人的相互不理解，终于制造了无可挽回的悲剧。

一般人都认为焦母穷凶极恶，她敲着床梆子大骂儿子，并命令儿子一定要休掉刘兰芝的恶婆婆形象已经深入人心。但其实，这只是焦母的一面，是她被封建观念蒙蔽的一面；焦母还有一面，即为人母的温情的一面。

后来，刘兰芝盛装告别时，虽对儿媳不满，焦母却也没有再指责半句。再后来，儿子表明必死之心时，这位母亲又含着泪哀求儿子不要去死。最后，刘兰芝、焦仲卿双双殉情后，诗里说“两家求合葬”，刘家尚有兄长与母亲，而焦家能“求合葬”的却只有焦母了。此时焦母的心中也充满了悔恨，也理解了儿子，更为儿媳的死感到痛心。

只是可惜，这样的宽容与理解却来得太晚。

不得不说，刘兰芝和焦仲卿的死，是典型的人间悲剧；他们的命运值得同情，但是他们因家庭矛盾和变故而轻生的做法却丝毫不值得仿效。

俗话说：“人上一百，种种色色。”袁采《袁氏世范》里说的“自古人伦，贤否相杂”，也是这个意思。不同的人在一起，尤其是不同的人在一个家庭里生活，应该互相体谅，互相宽容。懂得了这个道理，就可以“胸中泰然”了。

沧溟先生如是说

正因为家人是最亲近的人，所以家人之间的关系处理反而容易简单化、情绪化。

我们在外往往能温文尔雅，在家面对家人时却往往缺乏理解与宽容。事实上，在这个世界上，最需要宽容、最需要理解、最需要呵护与温柔对待的，首先便是你的亲人，你的家人。

第十八讲

家庭和睦本于能忍

人言“居家久和者，本于能忍。”

——袁采《袁氏世范》

冬天到了，刺猬爸爸与刺猬妈妈想要拥抱着互相取暖，可他们满身的刺扎得对方都难以忍受。这可如何是好?

有人说，只有各自拔掉自己身上一半的刺，他们才能享受拥抱的温暖。可这不现实。真正可行的方法是，两只刺猬不停地试探，找到一个合适的距离，既可以体会靠近对方的温暖，又可以将对方给予的刺痛控制在可以接受的程度。

家人之间，每个人都有自己的脾气与个性，每个人都有自己的习惯与棱角，这就像是刺猬的刺，靠得太近时，难免会“扎”到对方。这时候，必要的忍让就显得十分重要，“忍”就是一种生活的艺术与智慧。

著名作家许地山是一个非常有个性的人，巧的是他的夫人也同样是一个个性鲜明的人，两只“刺猬”的“刺”都让对方大吃一惊。

两人刚结婚不久，就总是因为一些小事口角不断，就像两只想要拥抱的刺猬，彼此都受到了伤害。

1934年2月，许地山一个人去印度，期间反思婚后的生活，在旅途中给夫人写了一封长信，建议为了将来幸福的家庭生活，夫妻间最好订立一个“爱情公约”。

这份奇特的“爱情公约”内容如下：

一、夫妇间，凡事互相忍让。

二、如意见不合，在大声说话前，各自先离开一会儿。

三、夫妻间应以诚相待。

四、每日工作后，夫妻间应该互相给予对方精神上的关怀。

五、一方不快乐时，另一人应当努力使对方忘却不快。

六、每日上床休息前，应当互相提醒当日未了之事及明日当做之事。

这封奇特的“爱情公约”立刻赢得了夫人的共鸣。许地山回国后，两人遵照公约一起生活，果然从此以后没有因小事而发生口角，他们幸福的婚姻生活备受称赞。

家人之间，不仅要忍对方的坏脾气、坏毛病，有时甚至还要忍受对方一时的邪念和伤害。因为他们毕竟是你的家人，这种忍耐有时也是为了避免不必要的正面冲突，先忍一忍，也是先保护好自己，再慢慢感化与改变他们。

远古时期备受人们赞颂的明君——舜，他的故事，就是一个很好的例子。

舜的父亲名叫瞽叟，是一个盲人。他不仅眼睛看不见，心智也不清楚。在舜的母亲去世后，他又娶了一个狠毒的女人做老婆。舜的继母后来又生了一个儿子，也就是舜同父异母的弟弟，名字叫象。

在继母与象的眼里，舜就像肉中刺、眼中钉，怎么看也不顺眼。而父亲瞽叟竟然跟他们一起，琢磨起怎么陷害自己的儿子舜。

他们三人几次三番地想出一些鬼主意，试图加害舜，而舜则凭借自己的细心与聪慧成功地摆脱了危险。不过，舜虽然明白继母与弟弟的迫害之心，可他并不生气，也没有抱怨什么，并未将父母与弟弟的恶意放在心上，还是像往日一样地劳动、生活。

就这样，舜依然一如既往地孝顺父母，友爱弟弟，就像什么事都没发生一样。渐渐地，父亲、继母与弟弟象面对宽厚、忍耐、仁慈的舜，都起了愧疚之心。当时的国君尧更是十分欣赏舜的仁厚与博爱，最终选定他为帝位的继承人。据史料记载，不仅舜成为古代有名的贤王，为百姓带来美好生活，改过自新的象，后来也被封为诸侯，请了贤人来治理自己管辖的地方，使得百姓安居乐业。

明代思想家、军事家王阳明被贬贵州的时候，写过一篇有名的文章叫《象祠记》，后被收入《古文观止》，流传千古。

写这篇文章，源于当地苗人祭祀象，给舜的弟弟象设了一个祭祀的祠堂，然后请王阳明去写一篇祭文。

王阳明一开始很纳闷，他觉得这个象不是什么好人，苗民为什么会祭祀他呢？后来经过考察，王阳明终于明白了。一则，苗民是通过祭祀象来表达对舜的敬意。二则，也是更重要的一个原因，那就是在舜的感化下，象后来的人生发生了巨大转变，成为一个值得大家纪念的好人，这一切其实都源于舜的“忍”。

王阳明就感慨说，连象那样凶狠、恶劣到那个地步的人，良知发现之后，人生也有一个巨大的转变。其实，每个人的内心都有良知，关键就是要启发、引导它出现。舜的容忍激发了父亲、继母和象的良知。而社会文明要推进，也要进行制度设计，要进行引导。

这就是王阳明心学理论的一个重要概念——“致良知”。在王阳明看来，每个人心中都有良知，关键是你怎么引导、启发它的出现。

在这样的理念指导下，王阳明建县抚辑，讲学教化，制订规章制度，更关键的是替老百姓解决实际问题。而作为中国社会最重要的核心单位——家庭，成员之间的彼此包容、谅解、影响更是至关重要。就像舜一样，既做到爱惜自己、保护自己，又尽力去帮助有错的家人，这种教化之功常常要比来自社会组织的引导更为重要。

古人说，舜处在“父顽、母嚣、象傲”的险恶家庭环境里，就是说他的父亲心术不正，继母两面三刀，弟弟心怀鬼胎，家人串通一气，欲置舜于死地。但是，他却能对父亲、继母不失孝道，对弟弟友爱有加，并且始终如一，从不懈怠。

而且，他很懂得保护自己，在家人要陷害他时能及时逃避，在事态稍有好转时又回到家人身边给予尽可能的帮助。舜表现出的非凡品德与非常的忍耐力，正是他能处理好家庭关系并治理好天下的关键。后来，舜更是成为远古时期尧之后最为著名的明君。

所以，家和万事兴，但想要“居家久和”，确实如袁采家训所说，要“本于能忍”。

沧溟先生……如是说

人都是有个性、有脾气的。在人与人交往时，这些个性特点有时就像刺猬身上的一根根刺，靠得越近，刺得越痛，而家人之间往往是靠得最近的，所以往往也是刺得最痛的。所以居家生活，一方面既要懂得收敛自己的“刺”，另一方面还要能够忍受家人的“刺”。

第十九讲

兄弟齐心　其利断金

夫兄弟至亲，一体而分，同气异息……兄弟，手足也。今有人断其左足，以益右手，庸何利乎？

——司马光《温公家范》

家庭能给人带来什么?

沧溟先生以为，最智慧的答案是:

1+1>2

1+1+1>3

……

依此类推，家人加在一起构成的爱情、亲情与温情，永远大于两个人、三个人在一起的简单的能量相加。

说到这种家人合心、兄弟齐心的力量，汉代有一个故事非常经典，广为后世传颂。

据说有一户四口之家，除父母外，还有兄弟二人。兄弟二人孝敬父母、互相友爱，感情很深。一家人在一起和和睦睦，家业也越来越兴旺，甚至连家门口的那棵大树也越长越旺，浓荫遮地，树干参天。

邻居们都说这是一对让人敬佩的好兄弟，这是一户让人羡慕的好家庭。

兄弟二人长大成人后，都各自成了家，大家原本还在一个院子里生活，可是虽然兄弟间手足情深，怎奈老大媳妇与老二媳妇之间矛盾重重，两妯娌明争暗斗，时常爆发一些争吵。她们又分别常跟自己的丈夫抱怨，兄弟之间也渐渐生出罅隙。

终于有一次，因为一些小事，两妯娌间的怒火烧到了两兄弟头上。因为言语不合，老二提出分家，要单干另过。老大也正在气头上，听弟弟要分家，便顺水推舟，也不阻拦。任父母如何苦口婆心地劝，兄弟二人都不让步。

最后，兄弟终于分了家。一件非常奇怪的事儿紧接着就发生了。自打兄弟分家，老二搬出去之后，家门口那棵参天的大树就突然干枯了。

老大很惶恐，不知大树得了什么病，想尽了办法照顾这棵树，可情况却一点儿也不见好转。没过多久，大树的树干竟然开裂了，眼见着树根也要烂掉，这棵原本郁郁葱葱的大树就要轰然倒塌。

邻居们都说是因为他们兄弟不和，连树在他们家门口也再得不到生机。老大并不信，可看着大树一天天死去，心里也十分难受。

老二也听说了家里大树的消息，也有了悔恨之意，可他已经搬了出来，又怎么好再回去呢?

最后，老大再也不能忍受看着大树一天天走向死亡的惨状，他开始相信是因为自己兄弟失和，才使这棵大树失去了生机。

终于，他请回了同样后悔的弟弟，全家人又和睦地住在了一起。

说也奇怪，自从化解了矛盾，兄弟和好如初后，家门口的那棵大树又重新焕发了生机。没过多久，大树又恢复了茂盛葱郁的模样。

这件事被当时人郑重地记载了下来，作为“兄弟不和，天理不容；兄弟齐心，感天动地”的明证。

不论这个故事真假与否，其所蕴含的道理却是千古不易。

很多人都读过一根筷子易断、一把筷子难折的寓言故事，其实这个故事来源于南北朝时的一个真实事件。

南北朝时，北方兴起一个小国叫吐谷浑。

当时，诸雄并立，你争我斗，吐谷浑的力量并不强大。后来，吐谷浑出了一个杰出的君主叫阿才。阿才果然有才，他励精图治，努力学习汉文化，使国家逐渐振兴起来。

后来，阿才得了重病，他很担心自己死后儿子们会为了争权而自相残杀，这样自己费尽心血建立的大好基业就会走向没落。

于是他把儿子们召集到自己的床边。

"你们都拿一支箭给我！"阿才半卧在床上，对着床前的十几位王子说。

儿子们并不知道父亲要做什么，但还是听话地各自从箭囊中抽出一支羽箭。

阿才费力地从床边的箭囊里拿起一支，交在太子手里，说："你能折断这支箭吗？"

太子孔武有力，他拿起箭，轻易地就折断了，然后不解地看着父亲。

阿才笑了，他点点头，又让太子把剩下的十几支箭一起拿起来，然后他问：“你能把剩下的箭一下折断吗？”

太子很努力地尝试，可他根本折不断，其余的王子也没有一个能折断这一把箭的。

阿才意味深长地看着儿子们，耐心地说：“你们看到了吧，一支箭易断，一把箭难折，你们要是兄弟齐心，又有谁能折断你们呢？”

儿子们恍然大悟，纷纷感谢父亲教给他们人生智慧。阿才死后，他的儿子们果然像他希望的一样，兄弟齐心，团结一致，吐谷浑王国迅速强大起来，一直到隋唐时期，都是北方强大的政权。

在日本也流传着一个与此相类似的“三矢之训”的故事，讲的是日本战国时期（中国的明代）的大名毛利元就的三个儿子不和，他便要他们折三支箭，教导他们要兄弟情同手足，从此三子团结一致。

独木难支，孤掌难鸣。兄弟齐心，其利断金。所以司马光才会在家训里感叹：兄弟就如手足一样，有人砍断他的左脚，以延长他的右手，难道这会有什么好处吗？

家庭是社会的细胞。家庭成员团结和睦，是社会稳定、繁荣的基础。而维系家庭和睦关系的，就是家人之间的爱。

沧溟先生如是说

人不能离开家庭和亲人，就如人的手足不可离开身体一样。如果家庭成员的能量形成合力，那么这种能量就会有一加一大于二的效能。

古人说“兄弟齐心，其利断金”，正是这个道理。

第二十讲

打虎亲兄弟 上阵父子兵

兄弟和，虽穷氓小户必兴；

兄弟不和，虽世家官族必败。

—— 曾国藩《曾国藩家书》

古人讲“孝、悌、忠、信”，孝是对父母的敬爱，悌则是兄弟间的友爱。

我们知道兄弟齐心能产生强大的能量，能让枯木逢春，能让阿才创建的吐谷浑王国变得强大。清代名人曾国藩则认为，兄弟和与不和，不仅是家族是否兴旺的关键，更是一个人危难时能否成功最重要的依靠。他的这种认识，源自他切身的经历与感受。

曾国藩在家里是老大，他有四个弟弟。长兄如父，所以曾国藩经常严厉地教育他们，这样一来，他跟几个弟弟的关系有时就很紧张。

比如，曾国藩的四弟曾国荃，后来成为湘军著名的将领。他年轻的时候就跟大哥曾国藩闹过一次别扭。那时，曾国藩已经考中了进士，在北京任翰林，他把四弟曾国荃带在身边，想着既让弟弟增长见识，又可以亲自教育帮助弟弟。

开始时，曾国荃满心欢喜地跟着哥哥来到了北京，可是住了没多久，就闹着要回湖南老家。

曾国藩反复问弟弟原因，曾国荃就是不说，只是要求回家。后来曾国藩实在没办法，只好写信回老家禀明父母，说弟弟大概是少年心性，容易喜新厌旧，在北京待腻了，所以现在想回家了。

对此，父母也没说什么，弟弟也没分辩什么，最后曾国荃一声不吭地回了湖南老家。

曾国荃回家后没多久，曾国藩的烦心事来了。

他被朝廷任命为四川主考官，获得了一笔银两，他马上寄了一千两银子回家，并交代让家里留下六百两，剩下四百两接济同族的穷苦人家。

这本来是件好事，可是没想到过了两天，曾国藩就接到了三弟曾国华与四弟曾国荃的亲笔来信，他们一是抱怨大哥寄来的一千两银子还不够家里还债的，二是讽刺曾国藩接济别人有沽名钓誉之嫌。这让曾国藩心头怒火直冒，恨不得把两个弟弟找来训斥一顿。

其实，这就是曾国藩与几个弟弟关系不好的症结所在。他只知道长兄为父，只知道像父亲与老师一样严格地要求、教育弟弟们，却没有表现出一个兄长应有的关爱之心与呵护之心。几个弟弟渐渐长大，自然本能地要反抗他这种“长兄为父”式的权威。

曾国藩渐渐意识到自己的失误，也想努力改变自己的形象。可他习惯了往日与几个弟弟相处时的威严，一下还真改不过来。

后来，太平天国农民起义爆发，曾国藩被命运之手推到战争的最前沿。本来他是主张用人避亲的，一开始并没有让弟弟们加入湘军。

但有一次，曾国藩身处危难之际，在湖南老家的几个弟弟听说了大哥的困境，立刻毫不犹豫地招兵买马，领军出征，将陷于困境的曾国藩救了出来。不仅如此，几个弟弟还表现出卓越的军事才能，不仅挽救了局面，最终还反败为胜。

正当曾国藩感慨危难之际唯有手足可以依赖的时候，前方突然传来噩耗，三弟曾国华轻兵冒进，误中敌人埋伏，战死沙场。

曾国藩一下如坠万丈深渊，立刻从被弟弟们相救的欣喜中跌入痛失手足的悲痛中。他在悲痛中反省，流着泪与对几个弟弟说，都是自己以前的态度损害了兄弟间的感情，而这种损害是导致三弟战死的主要原因。

曾国藩说，曾国华的死看上去是偶然，可其实是老天对自己的惩罚。他以前只知道板着面孔对弟弟们严加管教，却不知不觉间拉开了与弟弟们的情感距离。

实际上，曾国藩已经意识到了兄弟之间坦诚相见的重要性，若能及时沟通，曾国华或许就不会因急于证明自己，希望立功而轻易冒进了。

“兄弟和，虽穷氓小户必兴；兄弟不和，虽世家宦族必败。”这是曾国藩在经历了这件事后的深切感悟。兄弟和睦，虽是穷困潦倒的小户人家也会兴旺发达起来；兄弟不和，虽是世代为官的富家旺族也会衰败。

从此以后，曾国藩彻底改变了自己的用人主张，从用人避亲转变为唯才是举。他不仅为几个弟弟尽心搭建施展人生抱负的舞台，还将这种“打虎亲兄弟，上阵父子兵”的观念渗透到湘军的组建上。

他主张一个组织、一个团队要像一个大家庭一样，将领带兵要像带家中兄弟、带家中子弟那样尽心尽力。正因为如此，曾国藩最早提出了带“子弟兵”的理念，这一理念直到现在还有极强的影响力。

说实话，曾国藩的反思有点儿命运的玄学意味，但其中的道理却不玄虚。小到一个家庭、一个家族，大到一个团队、一个组织，甚至一个国家、一个民族，若能齐心协力，有如兄弟之情，那么还有什么克服不了的困难，还有什么成就不了的事业呢?

所以，大丈夫想要成就伟业，当“四海之内皆兄弟”也!

刘备、关羽、张飞“桃园三结义”，无疑是中国古典小说名著《三国演义》中最脍炙人口的故事之一。这个故事之所以千百年来打动着无数人，就是因为它寄托了人们对社会生活中异姓兄弟情谊的美好向往。

兄弟关系，表示一种友好的关系，也是一种完全平等的关系。而四海之内皆兄弟的观念，也是东西方文化中最易达成共识的。在现代国际交往中，为了表示平等，兄弟、姐妹是最常用的称呼之一。友好国家，可以称为兄弟国家；友好城市，可以称为姐妹城市。

沧溟先生如是说

人最怕孤掌难鸣，即使你有再好的设想，即使你有再远大的抱负，一个人永远成就不了什么大事业。

要成就事业，危难时要有援手，发展时要有助力，奋进时要有同行。想要成就事业，一定要有团队；而要想凝聚团队，就一定要怀兄弟之情待人。

第二十一讲

家族文化的传承

百行莫先于孝，而孝莫大于养志……父母无不志子之成立，则当勤学问、习艺能，毋游荡以养之。

—— 傅超《傅氏家训》

中国的孝文化中有些观念本来很好，但是被误解后反而成了一种糟粕。

比如“不孝有三，无后为大”，本来是说最不孝顺的事，是不能继承家族传统，使其发扬光大。但被许多人理解为“不能生儿子，是最大的不孝”，导致了中国古代社会重男轻女的思想盛行，性别歧视本身就是一种糟粕。

中国人为什么误解了这句话呢？

这是因为，儒家提倡的孝道，关键在于传承。而在古时，传承祖先遗志，弘扬家族遗风往往只能靠男子。

傅超也认为：在所有的行为规范中，守孝道是最重要的；而守孝道最重要的则是要培养后代的远大志向。父母一般都希望子女能有成就事业的志向，而要培养这样的志向，就要

“勤学问，习艺能”，切不可令其养成好逸恶劳、散漫游荡的习性。

如何理解孝道的家族文化传承的本质？我们可以看看班固与司马迁这两位史学家的故事。

司马迁被称为“中国历史之父”，鲁迅称他的《史记》是“史家之绝唱，无韵之《离骚》”。可很少人知道，这位“历史之父”的伟大创作最初只是为了完成他父亲的遗愿，传承他父亲的遗志。

司马迁的父亲名叫司马谈，曾经任太史令，主管国家的典籍文献，也主持国家的史书编撰。

不过，司马谈并不满足于简单的整理记录，他想写一本伟大的史书。为此，他收集了很多资料，也带着司马迁走过很多地方。可是，他还没有开始自己的梦想，疾病就夺去了他的生命。临终前，他对已经长大成人的司马迁说：“余死，汝必为太史。为太史，无忘吾所欲论著矣！”

这就是一位父亲的临终遗言，叮嘱孩子不忘记自己想要写的书，不要忘记父辈的志向与愿望。

正是父亲的遗命与期望，促使司马迁遍览书籍，游历天下，然后开始了长达数十年的《史记》创作。期间，他因为李陵的案子，被关押在狱中，面临死亡还是耻辱宫刑的选择时，司马迁悲愤地说出了“人固有一死，或轻于鸿毛，或重于泰山”的千古名言。他选择了屈辱的宫刑，只是为了要活下去完成《史记》，完成父亲的志向与遗愿。

所以《史记》的伟大，不仅在于其伟大的历史意义，更在于其伟大的人性意义。司马迁以完成家族文化传承的方式，实现了中华民族文化传承的伟大工程。

《史记》太伟大，二十四史里大概只有《汉书》能与它并称，所以史家总以“史汉”并称。巧的是，班固创作《汉书》的初衷竟与司马迁有着惊人的相似之处。

班固的父亲名班彪，是东汉时期著名的学者。

班彪向来仰慕司马迁的《史记》，曾经立下志向，要写一部《史记后传》，并查阅了大量的西汉典籍。在父亲的影响下，班固也对西汉的历史产生了兴趣。

一次，大学者王充来拜访班彪，二人谈及班彪要创作的《史记后传》，幼小的班固居然也能头头是道地加入谈论。王充大惊，对班彪说：“此儿必记汉事！”意思是你的志向将来要完不成的话，也不用担心，你的儿子将来一定会完全继承你的遗志，完成撰述这部伟大史书的重任！

班彪在着手创作《史记后传》没多久就病逝了。班固安葬完父亲后，不顾家境的贫寒，夜以继日，废寝忘食，全力以赴要完成父亲的遗愿。

班固传承并发展了父亲的撰述志向，在父亲已有的基础上重新调整了史书的布局与结构。他想写的不只是一部《史记》的后传，而是一部具有独立价值的伟大史书，这就是后来的《汉书》。

班固这么做，不仅辛苦艰难，而且还冒着巨大的风险。因为私撰史书，在当时是犯法的。后来班固被仇人告发，身陷囹圄，书稿也被官府查抄。班固的弟弟班超冒死赶到洛阳，向皇帝上书，为兄长鸣冤，引起汉明帝对这一案件的重视。

汉明帝特别召见班超了解情况，班超将父兄两代人几十年修史的辛劳与志向一一向汉明帝阐明，汉明帝听后大为感动。

这时，汉明帝又读到查抄上来的《汉书》书稿，更为班固的才华所倾倒。后来，汉明帝不仅特赦班固无罪，还任命他为兰台令史，让他继承父辈遗志，名正言顺地去完成他的史学巨著。

最终，班固不负众望，写出了与《史记》一样彪炳千秋的史学名著《汉书》，他也得以与司马迁并称，成为中国历史上最伟大的史学家之一。

孔子说：“父母在，不远游，游必有方。”意思是，父母健在，自己不应该远行；如果不得已而远行，也应当有确定的方向，让父母知道自己在哪里。这就是既鼓励子女留在父母身边尽孝，又不反对为了实现伟大的理想而走出家门。

常言道：好男儿志在四方。这句话出自《左传》中关于晋国逃亡公子重耳的描写，原为“四方之志”。其实这是重耳逃到齐国之后意志消沉之际，他的妻子激励他的话。在妻子的鼓励下，重耳放弃舒适的生活，后又辗转多国，最终回到晋国继任国君，成为名噪一时的晋文公。

如果鲁迅当年不东渡日本学医的话，他或许没有那么宽阔的视野，想到要去医治一个民族的灵魂。如果没有当年一大批有志青年离开家乡、离开故国而远赴法国勤工俭学，带回科学社会主义思想等西方先进文化，中国革命的进程也将被改写。

在现实生活中，许多人从小便离开家乡，外出求学、打工，虽然远离了父母兄弟，但对家的爱却是始终不变的。

沧溟先生如是说

每个人都并不只代表着自己，每个人身上都流淌着祖先的血液，都传承着祖先的智慧。

“我是谁？”“我从哪里来？”“我往哪里去？”——这是哲学的三大基本命题。你只有知道你从哪里来，你应该传承先辈的哪些志向，你才能知道你将要往哪里去，你才能真正实现人生的价值。

第二十二讲

什么是最好的报答

夫人为子之道，莫大于宝身全行，以显父母。

——王昶《家诫》

怎样才算是最大的孝行?

范仲淹的人生答案最为经典。

范仲淹，字希文，是北宋杰出的政治家、文学家、军事家、思想家。

他不仅领导了“庆历新政”的改革，而且在《岳阳楼记》中说出了那句震撼人心的千古名言：“先天下之忧而忧，后天下之乐而乐。”

但是，很少有人知道，范仲淹写《岳阳楼记》时并没到过岳阳，也没登上岳阳楼，更没看到洞庭湖。范仲淹是如何写出千古名作《岳阳楼记》的呢?

原来，滕子京被贬岳阳，重修了岳阳楼，又命人画了一幅名为《洞庭晚秋图》的山水画送给范仲淹，而范仲淹竟只是看着这幅图，就写出了千古名作《岳阳楼记》。

这一切到底有怎样的玄机呢？这一切还要从范仲淹的孝心说起。

范仲淹两岁就失去了父亲，母亲改嫁朱家，为他改名朱说，一直到二十岁之前，他甚至不知道自己姓范。后来，范仲淹偶然之间得知了这一切，便决定自立门户，离开朱家的庇护，并将自己的姓名改为范仲淹。

范仲淹自立之后，发愤求学。他在学校里是最勤奋的学生，也是生活最为艰苦的学生。

有一位同学是太守之子，见范仲淹生活太艰苦，每日只吃稀粥与咸菜，很想帮助他，便让人从家里带了精致的饭菜送到范仲淹那里。

范仲淹笑着谢绝了同学的好意，他说："我不是不想吃好的，但我怕我吃了好的之后，就吃不了苦的了。"

言下之意，若不能吃苦，我的人生志向如何实现？

渐渐地，范仲淹在学习与成长中终于知道，最对得起范家祖先的方式，就是书写有价值的人生，为国家、为社会做出贡献。从此，年轻的范仲淹"慨然有天下之志"，开始有了真正的“先天下之忧而忧”的人生抱负。

后来，范仲淹果然实现了自己的人生志向，成为一代名臣。他通晓文武，学贯古今，既可身任边帅，力拒一方之敌，又有如椽巨笔，堪为一代文宗。后来，为天下苍生计，他锐意改革，不顾重重阻力，领导了著名的“庆历新政”。

在“庆历新政”中，范仲淹重点打击盘剥百姓的腐败官员，就算得罪人，他也要努力坚持下去！这就是“虽千万人，吾往矣”的勇气与担当。

可是，恶势力的反扑也是极其凶狠的，范仲淹亲自领导的“庆历新政”才进行了一年多就惨遭失败。

开始，先是他的改革团队中的重要成员接二连三地遭受贬官的打击，后来，连他自己也不能躲过被人陷害、继而贬官的厄运。在范仲淹的改革团队里，有几个重要的成员，其中就有后来的大文豪欧阳修，也有让范仲淹写出《岳阳楼记》的滕子京。

这就是为什么滕子京只寄了一幅《洞庭晚秋图》，从未登临过岳阳楼的范仲淹就慨然允诺，为滕子京写下千古名作的原因吧——他们是志同道合的战友，是惺惺相惜的同志。

在《岳阳楼记》里，描写洞庭湖的景色是次要的，重要的其实是展示他们共同的人生理想，是呈现改革志士“先天下之忧而忧，后天下之乐而乐”的博大胸怀与人生气象！所以，范仲淹才会在全篇以这样的感慨作结：“噫，微斯人，吾谁与归？”意思是说，若没有这样伟大的人，我将和谁一起同行，一起归去呢？

正所谓“路漫漫其修远兮，吾将上下而求索”！正所谓“虽千万人，吾往矣”“虽百死而犹未悔”！这就是伟大的先行者，这就是历史的真巨人！

范仲淹领导的改革虽以失败告终，但他高洁的品行与节操，他伟大的人格与操守，已经成为人类文明历史上浓墨重彩的一笔。

怎样才算是最大的孝行？答案很简单——有价值的人生，才是最好、最大的报答！

王昶《家诫》里所说的“宝身”，即爱护自己的身体，不随便冒险，不做无谓的牺牲；“全行”，即爱护自己的名声，谨言慎行，不做有损形象的事。也就是说，一个人只有从身体到精神都健康，才是最好的孝行。

现在有些年轻人往往养成了不好的生活习惯，要么暴饮暴食，要么沉迷游戏而日夜颠倒，常常依赖点外卖充饥，这样的行为都会损害身体健康，会让父母担心忧虑，就是一种不孝。

更甚者，有些人小有成就后不断高升，乃至官居高位，却不注意检点自己的行为，贪污腐化、索贿行贿，最终走上犯罪道路。这样做，不仅给国家和人民的利益带来损害，也是对父母养育之恩的辜负和对家族声誉的败坏。

所有这一切，都是我们在自己的成长道路中应该引以为戒的。

《弟子规》中说："身有伤，贻亲忧；德有伤，贻亲羞。"我们的身体受到伤害，会让父母担心；而如果我们的道德败坏了，则会让父母蒙羞。这句话虽然讲到了身体和德行两个方面，但是重点还是落在德行上。在日常生活中，我们的身体受到损伤往往是难以避免的，而我们的德行却可以通过自我修养而得以保全。所以，子女的道德败坏，给父母带来的伤害更大。

当然，现代社会与过去传统宗族社会不同，我们每个人不仅属于一个家庭，同时还属于一个组织，一个集体，一个民族，一个国家。我们的身体受伤，既是家庭的损失，也是一个集体的烦恼；我们的行为不检点，既为父母添堵，有时也会给所在的组织造成损失。

沧溟先生如是说

中国传统文化严格说起来没有宗教崇拜，中国文化的本质是一种祖先崇拜。

在传统文化中，如何传承祖先的遗志，如何弘扬祖先的声名与荣耀，就成了孝道中的重要内容。这一点激励着历代无数仁人志士努力奋进，不悔前行。

第二十三讲

心中有爱 如沐春风

饱暖平安，是为清福。温良恭俭，到处春风。

—— 刘沅《豫诫常家训》

孝顺是不是件很辛苦的事？遵守崇高的道德是不是件很累人的事？

说实话，恐怕很多人会以为是这样，甚至有人会说，看看古人行孝的辛苦、守德的贫寒就知道了。

其实不然。

关于这一点，我们可以举一个最典型的例子——那个看上去行孝最自苦、守德最清贫的闵子骞。

闵子骞原名闵损，他是孔子的学生，也是孔门七十二贤中鼎鼎大名的贤者，以孝顺、道德闻名于世。孔子论德行，颜回之后就是闵损；后世儒家称孝道，首先提到的就是闵损与曾参。

关于孝顺，闵损最著名的事迹就是“芦衣顺母”，这也是后人认为他行孝自苦的主要原因。

据汉代刘向记载，闵损的亲生母亲死得早，父亲后来又娶，继母刚进门时对闵损还不错，可是当继母后来又生了两个儿子后，因更加疼爱自己的亲生儿子，对闵损的态度就越来越差，也越来越心狠。

一年冬天，天气越来越冷，继母给三个孩子都做了棉衣。闵损因为是老大，常要帮父亲外出干活。

一次，闵损帮父亲在外拉车，那天天气特别冷，闵损虽然身着“棉衣”，却还是冻得直哆嗦，拉车的绊绳也总是掉下来。

父亲看了非常恼火，心想，你已经穿了棉衣却还哆嗦成这个样子，分明是想偷懒。

父亲越想越生气，一怒之下，拿起鞭子抽在了闵损的身上。让父亲惊讶的是，鞭子落在闵损身上，竟一下把看上去厚实的棉衣抽破了。更让父亲惊讶的是，破开的棉衣里并没有看到棉花，而是飞出片片芦花。

父亲震惊了，他下了车，走到闵损面前，一把扯住闵损身上的棉衣，含着泪问：“这就是母亲为你做的棉衣吗？”

原来，继母只疼爱自己亲生的两个孩子，他俩的棉衣都塞满了厚实的棉花，可是对闵损，继母只在衣服里塞了些芦花，故而这“棉衣”看上去厚实，却根本不保暖。闵损穿着这样的“棉衣”，等于只穿着两层薄薄的单衣，在这样寒冷的冬天怎能不冻得瑟瑟发抖呢?

父亲十分生气，问闵损：“你早知道？你为什么不说？”父亲气得要立刻回家休掉继母。

这时，闵损拉着父亲的手说：“父亲，请不要生气！我冷一点儿，这没有什么。您千万不要休掉母亲，现在只有我一个人寒冷罢了，但您要休掉母亲的话，那就会有三个孩子陷入寒冷与孤单了啊！”

“母在一子寒，母去三子单！”这掷地有声的话震撼了父亲，也最终了震醒了继母。

最后，父亲没有休掉继母，继母也为自己的行为感到羞愧，从此洗心革面，开始像对自己的孩子一样对待闵损，一家人从此过上了幸福的生活。

世人都称赞闵损的宽容与孝心，连孔子都称赞说：“孝哉，闵子骞！人不间于其父母昆弟之言！”就是说，闵子骞真是孝顺，人们对于他的父母兄弟称赞他的话，没有什么异议。言外之意是讲，人们都肯定闵子骞是一个孝子。

有人会问，为了行孝，闵损居然要穿着薄薄的单衣过冬，这不太辛苦、太自虐了吗？

后来，闵损师从孔子，学问、品行都十分出众，很多人请他去当官，他却洁身自爱，自明心志，说："不仕大夫，不贪污君之禄。"意思是说即便穷困，即便贫寒，也不愿去官场那样污浊的地方。

最后，鲁国的权贵逼他出来做官，他亮明态度说，再让我当官，我就只有逃离这里了。他高洁的品行一直被世人所称赞。

然而，因为不出仕，闵损的生活一直比较贫寒，有人会说这不是太迂腐了吗？你也完全可以一面当官，一面出淤泥而不染嘛！

一方面行孝而自苦，一方面守德而贫寒，也许还有人会问，这样活着不累吗？这样的人生又有什么快乐呢？

我们看看接下来的故事。

一次，鲁国想翻修金库，想听听闵损的意见。闵损说，为了让金库更漂亮些而劳民伤财，这是多愚蠢的事！

又有一次，路遇权贵的豪华车队出行，路人纷纷赞叹“羽盖龙旗，旃裘相随”的盛况与财富，闵损却说这些不过是粪土而已。别人笑他吃不到葡萄便说葡萄酸，他却淡然一笑，说你们哪里会知道“先王之道”的快乐是远远胜于“美车马”的啊！

原来，在闵损的心中，自有一种常人不能理解的崇高的美感与幸福感。而这种源自于精神与心灵的美感与幸福感是远超于物质之上的，是远超于普通人因物质或放纵而得到的庸俗快感之上的。

在这种崇高美与幸福感中，高洁的品行并不需要费力坚守，一切都是自然而然的。

在这种崇高美与幸福感中，善良的孝心并不需要自虐式的勉强，一切都是发乎本心、水到渠成的。

而这种崇高美与幸福感的获得，才是人生最值得追求的至高境界。

所以说，人生最大的幸福，绝不是物质的简单占有、无度挥霍。

人生最大的幸福，来源于精神的愉悦与价值的追求。这其中包含了亲情、爱情与友情，也包含着理想、事业与信仰。

沧溟先生如是说

真正的幸福是远超于物质之上的，真正的幸福源于崇高、纯洁与纯粹。

所以，心中有爱，如沐春风！心中有道，春满人间！